世界に誇れる明治維新の精神

ケント・ギルバート
Kent Sidney Gilbert

ベスト新書
582

はじめに　維新の志士たちは、きっと泣いている

平成30年の節目となる2018年は、明治維新から150周年に当たります。

江戸時代の長い鎖国を終わらせ、明治維新に至るきっかけを作ったのは、他でもない私の祖国であるアメリカ合衆国です。

今回、日本に長期在住しているアメリカ人の私の目に映る明治維新の姿と、その評価を教えてほしいという依頼を受け、この本をまとめることにしました。

いろいろと考えを進めていくうちに、私の脳裏には、幕末に命がけで活躍した維新の志士たちが泣いている姿が浮かんできて、どうにも仕方なくなりました。

明治維新を、ペリーの黒船が最初にやってきた1853年から、明治新政府が成立した1868年、そして戊辰《ぼしん》戦争が終結する翌1869年までの一連の物語として捉えてみましょう。おそらくほぼすべての日本人にとって、それは誇らしく、気持ちが高ぶり、

血沸き肉躍る歴史スペクタクルでしょう。
坂本龍馬《さかもとりょうま》、西郷隆盛《さいごうたかもり》、吉田松陰《よしだしょういん》、勝海舟《かつかいしゅう》……日本各地から集まった大勢の若いスターが、京都や江戸、大坂、長崎など全国の町で交わり、激しく劇的な物語が展開し、胸のすくような出来事も、涙を誘うドラマにも事欠きません。歴史小説、映画、ドラマだけでなく、最近はアニメやゲームの題材にもなっていると聞きます。

つまり、平成を生きる現代の日本人の中に、幕末や明治維新を批判している人は、ほとんどいないわけです。

それなのに、私はなぜ明治維新を考えるとき、悲しくなってしまうのでしょうか。

もし、幕末の志士や明治の英雄が現代によみがえり、平成30年、すなわち明治150年の日本と日本人を眺めた場合、間違いなくそこに大きな矛盾を感じると思うからです。より厳しい言葉を使えば、「欺瞞《ぎまん》」を見つけて激しく憤るはずだからです。

私が何をいいたいのか理解できない方のために、ある新聞から、いくつかの典型的な記事を引用してみたいと思います。

これが戦後日本の平和主義の根幹をなす9条を改めようとする議論のあり方なのか。そのずさんさにあきれる。（中略）

そもそも歴代内閣が合憲と位置づけてきた自衛隊を、憲法に明記するための改憲に、どんな必然性があるのか。

首相は自衛隊を明記しても「何も変わらない」と言うが、そんな保証はどこにもない。（以下略）

【2018年3月23日付朝刊　社説「憲法70年　ずさん極まる9条論議」】

来年（2018年のこと）は明治元年から数えて満150年にあたる。（中略）気になるのは、全体をつらぬく礼賛ムードだ。

政府は「明治の精神に学び、更に飛躍する国へ」とうたう。「明治の精神」とは何か。列記されているのは機会の平等、チャレンジ精神、和魂洋才だ。

たしかに江戸時代に比べ、人々の可能性は広がった。一方で富国強兵の国策の下、生命を失い人権を侵された内外の大勢の市民、破壊された自然、失われた文化があるのも事実だ。

歴史の光の部分のみ見て、影から目を背けるのはごまかしであり、知的退廃に他ならない。（以下略）

【２０１７年２月11日付朝刊　社説「明治１５０年　歴史に向きあう誠実さ」】

「気ままに聖地巡礼　３」幕末　桂浜《かつらはま》・坂本龍馬像

土佐人が歴史の産物

「大きいわねえ」「アメリカを向いてるのかな」。高知市の桂浜公園にある坂本龍馬像を見上げ、観光客が感心したように声を上げた。高さ13・５メートルの龍馬像は１９２８年に建立され、和服にブーツ姿で太平洋を見つめる。（以下略）

【２０１８年１月４日付　四国版記事】

「維新１５０年　長州発」萩、維新イベント続々

「萩・明治維新１５０年オープニングイベント」の開会式（萩市など主催）が20日、萩市民館で開かれた。藤道健二市長が主な記念イベントを紹介し、萩・魅力ＰＲ大使の任命式、吉田松陰の志に関する有識者の講演もあった。

明治維新に活躍した志士を多く輩出した萩。維新150年の今年に予定される記念イベントをPRしようと企画した。市民ら約650人が参加した。（以下略）

【2018年1月22日付　山口版記事】

これらはいずれも、日本の「三大紙」や「クオリティペーパー」などと呼ばれる朝日新聞に掲載された記事です。

憲法九条改正に反対している朝日新聞が、社説では社の方針に矛盾しないような論理を展開し、「明治の精神」への「賛美ムード」を批判しておきながら、地方版の記事には、地元の英雄である幕末の志士を「賛美」している人々の動きを、むしろ喜々として、掲載しているのです。

私には、憲法九条の改正に反対しておきながら、一方では幕末や明治維新のヒーローを褒めるような態度が、矛盾であり欺瞞だと映るのです。

幕末の志士たちは、艦上から江戸の町を焼き払える最新の大砲を据え付けた蒸気船に初めて遭遇します。この圧倒的な軍事力を背景に不平等条約を結ばせたアメリカ、そこに便乗したイギリス、ロシアなど当時の大国、そして軍事力に屈する形となった江戸幕府に、志士たちは危機を感じたのです。あせりはあったでしょうが、あるべき未来の日本の姿を胸に描きつつ、諦めることなく懸命に動きました。

当時の日本の国力のなさ、軍事力の劣勢、技術力の遅れを嘆き、同じ藩内ですら意見の違いを埋め切れず、ある者は絶交し、またある者は藩の枠組みを超えて手を結び、ついには江戸幕府を倒すための内戦を戦いました。そして、志を受け継いだ明治時代の人々は、最後には西欧に引けをとらない近代国家の形成を成し遂げます。強い国軍を作り上げて日清戦争に大勝し、大国ロシアとの日露戦争でも勝利します。その結果、不平等条約を解消し、植民地化されることなく国を守れたばかりか、日本は開国から五十数年で大国の地位まで手にしたわけです。幕末の志士たちや明治のヒーローが英雄視されるべき最大の理由は、そこにこそあるわけです。

私は幕末や明治の英雄たちに聞いてみたい。現在の日本は、「平和主義」、「戦力の不保持」、「国の交戦権の否認」を憲法に定めて、これを変えることに多くの国民が抵抗を感じているが、このことをどう思うかと。

彼らは言うでしょう。「ちょっと待ってくれ。そんなことで国が守れるわけないだろう。それなら、私たちがかつて身を切り、血を流してしてきたことは何だったんだ。なぜ日本はこんな国になってしまったんだ」と……。

そして、国防に関する議論が幕末以前のレベルの低さに戻ってしまっている日本の現状を見て、その情けない姿に涙を流すことでしょう。いったい、あの時代に志を抱きながら死んでいった日本人たちは、今、どうやったら浮かばれるのかと嘆くはずです。

朝日新聞読者の多くを占めるであろう九条護憲派の日本人に、私は尋ねてみたい。あなたはなぜ、戦勝国であるアメリカが「世界中で日本だけは二度と軍隊を持ってはならない」と一方的に決めた「日本国憲法第九条という不平等条約」に対して憤慨しないのかと。

国を憂えて戦った幕末の志士、維新の英雄たちを尊敬し、誇りに思うのであれば、志士たちは何と戦い、何を勝ち取ったのかをよく考えるべきです。「国力も技術力もなく、今にも植民地化されそうな日本という祖国」を守るためにどうすべきか、極めて短期間で考えて、学び、行動した。国を守るための主導権を争って、日本人同士で殺し合い、

260年以上も続いた統治の体制を変えてまで祖国を守ったのです。幕府側にも倒幕側にも「国防」という最大の目的があったからこそ、日本では大政奉還や江戸城無血開城が実現したのです。

その「国防」に必要不可欠な軍隊を否定する九条護憲を主張しながら、明治維新の成功を礼賛するのはとんでもない論理矛盾です。21世紀の現代であっても、「国家間の外交交渉は武力を背景に行う」という常識は150年前と何も変わっていません。護憲派の「憲法九条を守っていれば戦争にならない」という主張は、まるで寝言です。

明治150年の節目に、多くの日本人が幕末や明治維新に思いをはせることは素晴らしいことです。他方、ただ手放しに、無邪気に礼賛したのでは無意味です。明治維新の中身、そこに至る過程だけでなく、なぜ明治維新が必要だったのか、今その意味をどう捉えるべきかまでを、セットで自問するべきです。

黒船来航以降、自分の国が今にも外国勢力に食い尽くされ、滅びるかもしれないという危機感が、幕末の志士たちを突き動かしました。それでは今の日本人は、国が滅びるかもしれないという危機感を持ち、それを共有しているのでしょうか。

明治維新150周年は、現在の日本人が祖国の危機的状況を考える絶好の機会です。その思いを持たずして、志士のかっこよさ、幕末のドラマ、明治の劇的な近代化を礼賛し、いくら酔っても、ただの娯楽に過ぎません。無意味で、むなしいだけです。

薩英戦争や下関戦争で、向こう見ずに西欧と戦って実力差を痛感し、見よう見まねから西欧の技術を入れ消化していった歴史。たとえ「猿まね」と笑われようと西欧と同等の国と見てもらえるよう国内の制度や設備を整え、国外での戦争に勝利し、ついに非西欧世界で初めて文明的な大国と認めさせた日本。その意味を振り返らずに、安易に明治維新を褒めたたえるのは、かえって「亡国への道」に進みかねません。私が、明治150年の日本人に向けて訴えたいこととは、まさにこれなのです。

なおこの本では、「明治維新」という言葉を大きな意味で捉えようとしています。つまり、第1章では黒船来襲から戊辰戦争までの激変について、第2章ではその激変を可能にした幕末以前の日本について、第3章では明治以降不平等条約解消までについて考えることにします。私はこの比較的長い期間を、「一連の明治維新」として捉えたいのです。

そして、第４章で、明治維新が今を生きる日本の皆さんに何を問いかけているのか、私なりの考えを述べていきたいと思っています。

明治１５０年という記念の年が、少しでも将来の日本を考える契機になることを祈りつつ、この本がその一助になれば幸いです。

目次◎世界に誇れる明治維新の精神

いまだに理解できない「謎」／天皇という、世界唯一無二のシステム／日本人の平等好き、平等主義は天皇がいるから可能／国がオールジャパンでまとまりやすい／日本の強みは腐敗していないことだ／なぜ天皇は腐敗しなかったのか？／天皇という国体＋隔絶された地理的条件／なぜキリスト教を排除できたのか／鎖国を選び宗教色を薄めた江戸時代／西欧人が見た鎖国中の日本の強み／江戸時代の庶民教育と識字率／庶民が学べるのは、平和で平等だからだ／江戸時代の驚くべき交通網整備／江戸時代の日本はすでに成熟のピークだった／なぜ中国・韓国には「明治維新」ができなかったのか／「オールチャイナ」「オールコリア」が難しい理由／文武両道の日本、文を尊び武をさげすむ中韓／今も残る相互不信／なぜ中韓は日本に嫉妬し続けるのか

第3章　明治という時代、そして敗戦へ　123

なぜ日本人は「維新の後」を軽視するのか／明治以降の日本はどう評価されているか／なぜ武士は武士をやめられたのか／明治憲法は「五箇条の御誓文」で十分だった／明治憲法は結果的に日本を縛ってしまった／明治憲法上の天皇は結局「独裁者」と誤解された／明治維新は「異常」な状況だった／米英を味方につけた不平等条約からの回復／しかし、日本は「本分」をわきまえなかった／民主主義の未熟さ

と軍閥の台頭／日本は「世間知らずのお上りさん」である／日本は何を間違えたのか／明治憲法を変えられなかったという痛恨／もしも日本があと50年、１００年早く近代化していたら？／日本が「植民地支配の終焉」を粗雑にしてしまった

第4章 明治維新150年、日本人に覚悟はあるのか

いい／教育を改革し、歴史教育を変えるときが来た／画一をやめ、天才を「一本釣り」する仕組みを作ろう／才能を流動化させ、誰もがどこにでも行ける環境を／島国日本は自ら強く意識しなければ世界の進運に遅れる／日本的システムのために殉じるのはもうやめよう

第1章　明治維新という奇跡

アメリカで幕末・明治維新はこう教えられている

私はこの本で、幕末から明治維新の出来事をひとつひとつ取り上げはしません。明治維新の俯瞰的な意味や価値を、長年日本に住む在日アメリカ人の視点で捉えたいのです。それを現代の日本社会にできるだけ役立てる方向性で考えたいと思っています。

そこで、まず外国人がどのように明治維新を捉えているかを紹介します。

日本人には、それぞれに幕末や明治維新への思い入れがあり、心を寄せている志士がいるでしょう。好きなエピソードやシーンがあるかもしれません。しかし、外国人の場合、よほどの日本マニアでない限りそうしたケースは少ないため、かえってシンプルに、明治維新のどの部分を重視しているかがわかりやすいと思うのです。

そこで手始めに、アメリカの教科書やインターネットに存在する教材を改めて眺めてみました。日本人から見れば「それは違う！」という部分もあるかもしれませんが、明治維新についてのポイントは、主に次のような観点で教えられています。

・江戸時代は軍事政権だったが、明治時代は天皇が元首になった。

・サムライから別のサムライに権力が移動した。
・世襲をやめた。
・中央政府の力がより強力になった。
・西洋化に力を入れるようになった。
・農耕中心から工業中心の社会に変化した。
・当初弱かった軍事力は強化され、イギリスと同盟を結びロシアを破ることになった。
・鎖国時代からわずか1世代で急成長し、世界の大国に列した。

私が面白かったのは、あるアメリカ人の歴史教育者のホームページに、「映画『ラスト・サムライ』ではサムライが中世の武器で戦っているが、あれは嘘である」という記述があったことです。確かに西南戦争をモチーフにしながら、主演のトム・クルーズが参加する西郷軍と思われる側には銃や大砲がなく、弓矢が出てくるのは奇妙でした。

このように、日本から離れたアメリカでは、世界史のごく一部として明治維新を教える場合、日本人の目から見れば誤解や見落としも含めて、非常にシンプルな、あるいは大雑把な教え方をしているわけです。

ただし、大雑把とも取れるシンプルな受け取り方が、かえって明治維新の本質を再考させてくれる気がするから不思議です。たとえば先の8つのポイントの中からは、「武家という階層による権力支配が打ち破られたこと」や「封建社会から民主主義国家に次第に移行していったこと」は抜け落ちています。一般のアメリカ人の理解では、日本が民主主義国家になったのは、あくまで第二次世界大戦後のことなのです。

これには「アメリカが日本を民主化させた」という「自負」というか「栄光」に対するアメリカ人の思い入れが、少なからず反映されているようにも思えます。高校までの歴史の授業が近代史まで進めば、そう習いますから。余談ですが、アメリカ人が日本国憲法の草案を書いたという事実も、私のように法科大学院に行けば習います。

さて、「サムライから別のサムライへの権力移動」という視点は、徳川《とくがわ》幕府から薩長主力の新政府へと移行した、明治のごく初期における一時的な現象を、少しオーバーに捉えているとも言えます。普通教育が政策として行われ、時間はかかりましたが、やがては身分にとらわれず、能力主義で政府の人材採用が行われるようになったからです。役所や軍隊などで出身地による身内贔屓《びいき》は残ったようですが。

また示唆に富む指摘もあります。元首である天皇は引き続き世襲なのに、明治以降は

「世襲をやめた」と解釈している点は、なかなか本質をつかんでいるように思えます。

江戸時代の世襲の将軍が権力を握っていた世の中から、引き続き世襲の天皇のもとではあるが、日本国民の実力主義による国家運営に変化したと受け止めているわけです。

アメリカの学校における歴史教育は、日本のような暗記中心ではなく、ディスカッションを大切にします。このような重要なポイントだけを教えた上で、「なぜ日本は鎖国をやめたあと短期間で急成長できたのか」、「なぜ急激に政治体制を変えられたのか」といったテーマを生徒に議論させるのです。これは、日本人にもなかなか刺激的な問いかけだと思います。この本でも、ぜひそのように考えてみたいと思うのです。

明治維新は英語にうまく訳せない概念だ

明治維新は、一般に英語で「Meiji Restoration」と訳されています。これについては日本の読者の方も「暗記学習」のおかげでご存じかもしれません。

ただ、英語ネイティブであり、日本の事情や言葉もそれなりに理解する私の感覚では、この「restoration」という単語が、どうにもしっくりこないのです。

リストレーションとは「restore」の名詞形です。日本でも旧車を新車のような状態に戻すことをそのまま「レストア」といいますが、翻訳すると「回復」や「復元」といった意味です。日本語の「維新」とは、かなり距離のある単語です。

そもそも、この英訳を当てた人は、明治維新の何をもって「元に戻す」と考えたのでしょうか。これは経緯を少し考えればおわかりの方も多いでしょう。「王政復古」を指しているわけです。ただ、そこで納得せず、もう少し考えてみましょう。

明治維新における王政復古とは、明治元年の時点で、いったいいつの状態を「回復」あるいは「復元」したのでしょうか。江戸時代と同じく武家政権だった安土桃山時代や、室町幕府、鎌倉幕府ではありません。となれば、つまり天皇親政だった平安時代（前期）の律令制にまで戻したことになるわけです。

これはアメリカなど欧米の人間に限らず、中国や韓国を含む他のすべての国の人々にとって、あまりに突飛すぎて簡単には理解できないと思います。わざわざ700年も昔の体制に戻るなど考えもつかないし、そもそも国の歴史が700年未満である世の中の大半の国では絶対に実現不可能な話だからです。

ところが、日本の教科書で歴史を習った日本人は、あっさりとこの事実を受け入れています。「太政官」や「太政大臣」、「参議」、「○○省」や「○○卿」などといった名称を用いたのも、江戸時代に至るまで少なくとも形式上は律令制が存在していたからです。

しかし、これから懸命に近代化を進め、西欧に追いつけ、追い越せという意気込みに満ちていた国が、制度の面ではむしろ中世よりさらに前の形に戻すというやり方自体、英語圏の人たちにとっては前例もなく理解不能なことであるため、半信半疑で直訳のリストレーションを当てたのではないかと思うのです。

考えてみてください。たとえば欧州連合（EU）で、これからのイノベーションのために、9世紀末に分裂したフランク王国の時代の制度を、しかもその王朝の血統を受け継いだ子孫の権威に基づいて復元させるなんてことは、まったく想像もつかない話です。

これは言葉遊びの世界を出ませんが、明治維新を私が英訳したらどんな単語を用いるか、少し考えてみました。まずレボリューション（変革、革命）が思いつきましたが、天皇という元首の存在はそのまま続いているのですから、なじみません。

日本維新の会という政党があります。彼らが用いている英語表記は、かつて「ジャパン・リストレーション・パーティー」でしたが、現在は「ジャパン・イノベーション・パーティー」です。イノベーション（創造、革新）は、現代の政治における政党の目標としては当てはまるかもしれませんが、明治維新が創造的だったかというと、やはりしつくりきません。

当初は「維新」ではなく「御一新」と言われていたそうですから、「リニューアル」や「リフォーム」というのが当時の人たちの気分には近いのでしょう。しかし、元首として天皇をいただくことを変えずに、統治者は完全に変えたのですから、単なる「政権交代」と見ることも可能ですし、実質上はテイクオーバー（乗っ取り）とか、クーデターに近いものがあるのかもしれません。

あるいは、ここにあげたさまざまな要素を足したような、見方によってはどれとも捉えられるような、とても複雑な出来事だったとも言えるわけです。

外国人は明治維新の本質を理解していない

このようにいくら考えても、私には日本人の言う「維新」にフィットする英単語が思いつきません。

実際のところ明治維新は、明治新政府の実質的なリーダーたちが、自分たちの正当性を打ち出すために、いわば「道具」として、古い制度を持ち出してきたというのが真相でしょう。意地悪な言い方をすると、そこには多分にプロパガンダの要素が含まれていたと思います。

それでも、天皇の存在を中心とした「大宝律令」を制定したのは701年ですから、明治元年（西暦1868年）の時点で1150年以上もさかのぼれる皇室制度を維持してきたこと自体が、世界中で日本だけが実現できた奇跡であり、ここに、外国人による明治維新の理解を難しくしている根本的な原因があると思います。

そして同時に、19世紀の帝国主義の時代に、日本だけが欧米の白人国家以外で唯一近代化を成し遂げられた秘密も隠されているのだと思います。

以上からわかるのは、明治維新から始まった日本の出来事は、世界史の常識からみると極めて異質であり、外国人がその本質を理解することは非常に難しいという事実です。

アメリカ人にとっては、私たちの数代前の先祖が日本に4隻の軍艦で出かけていき、高圧的な態度で開国を要求した。それにより、もともと弱っていた江戸幕府の実態が明確になり、国が分裂しそうになった。それを天皇が中心となって日本の平和を守ったというのが、ごくシンプルな明治維新の理解でしょう。

しかし、そのアメリカ的なシンプルな理解が正しいのなら、なぜ「こうも簡単に」国をひとつにまとめられたのか、私には不思議です。現代のアメリカ人のなかにある日本のイメージは、多分に第二次世界大戦当時のイメージに引きずられています。天皇の名の下で一致団結して力を発揮した日本の印象が強すぎるため、そこから明治維新までさかのぼると、ここで体制が大変革されたこと自体をそれほど不思議に思えなくなるのでしょう。

しかし、江戸時代は、権力者である徳川家の歴代将軍が「天皇から征夷大将軍に任ぜられた臣下に過ぎない」というのは建前上の話に過ぎず、現実には江戸幕府が日本全国を支配していました。そして今の日本よりもアメリカ合衆国のような、約三百の藩がまるでそれぞれ独立採算制の小国である「ステート（邦もしくは州）」として存在する「日本合衆国」に近かったと思うのです。

そんな時代が平和のうちに250年以上も続いてきて、徳川幕府は一般庶民からも支持されていたはずです。一方、天皇は1000年以上も昔から京都御所に代々住んでいて、一般庶民との交流など一切ありません。まさに「雲の上の人」です。

いくらアメリカから蒸気船の大砲で脅かされたといっても、たった15年でここまで一般庶民の意識が変わるのでしょうか。長年の徳川幕府への思い入れは捨てて、天皇を崇め奉れるようになるのでしょうか。そして天皇も、代々暮らした京都を出て新しい都の東京にやってくるものでしょうか。この疑問は、「明治新政府によるその後のプロパガンダが見事に奏功した成果」と考えれば簡単に解けます。

日本人は、他人を疑うことを潔しとしない国民性を持っています。それをネガティブで意地悪な言い方にすれば、日本人はだまされやすく、プロパガンダが効きやすい国民性を持っているといえます。

植民地化も防いだ

明治維新のもっとも素晴らしい功績は、よくぞ西欧諸国による植民地化を防いだということです。不本意な不平等条約を結ばされ、幕府の弱腰と独断に国論が沸騰しました。そこで攘夷運動を始めたものの圧倒的な武力差のため達成できず、薩長などは方針を180度転換して開国と倒幕を目指しました。各藩が国論を二分して最後は内戦までやりながら、最終的には国民が一致団結できる国民国家が生まれました。

この時代、アジアで独立を維持していた国は、日本を除くとトルコ（オスマン帝国）とタイ（シャム王国）だけでした。トルコは大国でしたが、タイの場合は英仏の植民地の間の緩衝地帯として独立を維持できただけです。もし日本までもが植民地化されていたら、その後の世界の歴史も大きく変わったはずです。まず、日本という国の文化も、日本語という言語も、日本人の誇りも、かなりネガティブな影響を受けたでしょう。それだけでなく、短期間で世界の五大国へと発展する大日本帝国という存在がなければ、アジア各国の領土、市場はもっと侵食され、有色人種に対する白人による人種差別は、現代にまで続いていた可能性が高いと思います。

これには、日本人自身の努力と、急激な変化に対する対応力とともに、地政学的な恩恵や、歴史のはざまでの幸運もあったと思います。

まず、決して恩を着せたいわけではありませんが、最初にアメリカを相手として開国し、他の国はそれにならったことが、日本にとって非常に幸運だったと思います。黒船来航の翌年に結ばれた日米和親条約（1854年）は、ただ単に開国と開港（下田《しもだ》・箱館《はこだて》）を定めた程度であり、内容自体は不平等とは言えません。これは、当時ペリーと交渉に当たった林復斎《はやしふくさい》（大学頭《だいがくのかみ》）による論理的な交渉によって、日米間に圧倒的な武力差がありながらも、日本は開国だけを認めて、交易は拒むことができたためです。

しかし、西欧世界の中では、古くから日本と関係があったオランダでも、日本にもっとも距離が近いロシアでも、海洋進出で植民地獲得競争にしのぎを削っていたイギリスやフランスでもなく、このとき初めて日本と交流した当時まだ新興国のアメリカ合衆国が、最初に開国の扉を開けることに成功しました。これは日本にとって幸いでした。

アメリカはこれらの国々の中では、相対的な話になりますが「フェアネス」、つまり公正さを大切にする国です。「バカ正直」と言いたくなる日本人には負けますが、アメリカ人も「だまし討ち」や「裏切り」は恥ずべき行為であり、やるべきではないと考えます。日米和親条約締結の4年後の「日米修好通商条約」は、確かに領事裁判権、関税自主権の点では不平等条約でしたが、内容自体はあくまで自由貿易を主眼として実用的に検討されてきたために、最初から日本の市場を支配し、やがては植民地化しようなどと考えて締結されたものには見えません。アメリカもその点を強調しながら幕府を説得したのです。

そもそもアメリカは北米大陸での支配領域を拡大したいとは考えていましたが、アジア地域での植民地経営に興味がありませんでした。のちにスペインとの米西戦争に勝利して手に入れたフィリピンも、日米開戦の前から独立させる計画でした。イギリスの植民地支配に怒って独立したアメリカ合衆国が植民地経営を行うべきではないと主張する「アメリカ反帝国主義連盟」が結成され、実業家のアンドリュー・カーネギーや、作家のマーク・トウェインも参加していました。

当時の幕府側は、外交経験も乏しく、国際常識にも疎く、交渉しようにも条件をうまく設定できず、基本的にアメリカ任せだったと言います。これはもしかしたら、今日まで脈々と続く、日本の「性善説的な外交」の始まりだったのかもしれません。

ただ、アメリカという国もまた、武力面で自国が有利であったとしても、そこを前面に押し出して無茶な交渉を押し通す国ではないわけです（あくまで相対的に見れば、という話ですが）。下田奉行の井上清直《いのうえきよなお》とともに交渉を任せられた岩瀬忠震《いわせただなり》（林大学頭のおい）も、国内の治安悪化などを理由としてアメリカの要求を押し返しながらも、交渉に当たったハリスが説く自由貿易の利点を理解する先見性を持ち合わせていたため、お互いに話が通じ、まともな交渉ができたようです。ハリスは最初こそ脅しも含めて交渉に当たったとはいえ、最終的には岩瀬の話を聞いて彼の姿勢に少なからず好感を抱き、配慮をしていたといいます。

よその国の悪口は言いにくいのですが、これがもしロシアやイギリス主導の開国だったらと考えると、日本にはとてもラッキーだったと思うのです。相当に足下を見られただろうと思うからです。

自由貿易を可能にする開港地は、それまでの2カ所（下田・箱館）以外に、新たに4カ所（横浜・新潟・神戸・長崎）が加わりますが、これは交渉上、アメリカが「江戸・品川・大坂を開港せよ」という条件を出した後で、岩瀬たちが押し返して縮小させたものです。アメリカは武力と経済力をバックに、自分たちの条件を押し通すことも可能でしたが、真剣に交渉した上で、幕府側の言い分に譲歩したわけです。他の国が相手だったら、おそらくもっと厳しい、つまり不平等性がより強い条件になっていたでしょう。

時代の流れを読み切り、積極的な貿易立国を主張した岩瀬は素晴らしい人物だったと思います。彼はアメリカと堂々と交渉して譲歩を引き出しており、「江戸幕府はアメリカから言われるままに不平等条約を結んだ」という話も、倒幕側が世間に流したプロパガンダだったと言えるでしょう。しかし岩瀬は、頭角を現すのが少しだけ早すぎたようです。彼は結局、尊皇攘夷の盛り上がりと、幕府内の権力争いに負けて失脚。失意のうちに亡くなってしまったといいます。

米英仏の利権争いをうまく御した日本

日本が開国後の混乱をうまく乗り切り、植民地化されなかったことはその後の世界の歴史に対してとても大きな意味がありました。もちろん当時の日本人の努力と幸運のたまものですが、想定外の幸運もありました。

通商条約が結ばれて、西洋から物や人が日本にやってくるようになったにもかかわらず、それを主導したアメリカでは、南北戦争という泥沼の内戦が始まってしまい、この国内情勢のため、一時的に日本から姿を消してしまうのです。

もとはというと、アメリカはメキシコとの米墨《べいぼく》戦争（１９４６～48年）の結果、カリフォルニアを手に入れ、直接太平洋に出られるようになり、アジア貿易振興のために日本を中継基地や寄港地として開国させるメリットと必要性が生まれたのです。ところが、せっかく苦心してその仕組みを作り上げたところで激しい内戦が発生し、それどころではなくなってしまったわけです。

これが結果的に日本に有利な出来事だったのか、そうではなかったと見るかには、考え方に違いがあるようです。一般的には日本に有利だったという解釈が有力ですが、物事には必ず多面性があり、私はそれだけではないと思います。

確かに、日本に食い込んでいたアメリカ、イギリス、フランスのうち、もっとも有力な国がいなくなれば、その分だけ外圧は弱まります。そもそも、イギリスもフランスも日本からは遠いです。またイギリスは、インドから東南アジア、中国大陸へと広大な地域に進出して植民地を着実に広げ、フランスはベトナムなどインドシナ半島に対する進出を始めたばかりでした。たとえ日本を植民地にしたくても、当時の南回りの航路で日本はもっとも距離が遠いため、なかなか手が出せなかったという一面もあるでしょう。

しかし、先ほども触れましたが、アメリカは基本的に、植民地を作ることには反対する国でした。自分たちが植民地扱いに嫌気がさして独立した歴史を持っていますし、ヨーロッパで盛んに行われている紛争や植民地争いにくみしないという、いわゆる「モンロー主義」の国だったからです。ということは、主要なプレーヤーの中でもっとも領土的野心が小さく、主導権を握っていたアメリカの「一時撤退」は、日本にとって不利に働きかねなかったわけです。

明治維新とイギリスvsフランス

14～15世紀にかけての「百年戦争」に代表されるように、イギリスとフランスはお互い争ってばかりいた歴史を持つことはご存じの通りです。そして、北米大陸にあった13植民地が、アメリカ合衆国としてイギリスから独立して発展していく契機を作ったのも、結局は両国の争いに原因があります。

イギリスはフランスに対して、北米大陸での植民地支配を有利に進め、かつてフランスが所有していたメキシコ湾に面する広大な植民地（フランス領ルイジアナ）も手に入れます。

しかし、やがて世界各地で植民地経営のコストがかさんでいき、財源目当てにアメリカ大陸に重税を課してしまったことで、13植民地の住民たちを怒らせてしまいます。

すると今度はそこにフランスが目をつけ、アメリカの独立を支援します。結果としてアメリカは初めて国家としてひとつにまとまり、どうにかイギリスに打ち勝って、独立を果たすことができました。友好の証しとして後に「自由の女神像」も贈られました。

ただ、フランスはアメリカに肩入れしすぎたことで財政を悪化させ、それがフランス革命を招く一因にもなってしまいます。ここにドイツやロシアとの関係も絡んでくるのですが、このように世界中の国家というものは、常についたり離れたり、敵味方を入れ替えながら、微妙なバランスで関係を保っているわけです。

日本をめぐる関係も、その延長線上にあります。ただし日本が、かつて入植者が増えていったころのアメリカや、19世紀のアジアの諸地域と決定的に違っていたのは、１０

〇〇年以上もの長い時間をかけて確立した統治機構が存在し、発展した経済とよくできた慣習や制度があった点です。江戸時代の日本は、寺子屋による庶民教育や衛生管理も行きわたり、産業革命で急速に発展した科学技術面を除外すれば、すでに欧米を上回る先進国でした。19世紀半ばの日本はそれまでの「植民地候補」とは一線を画していたのです。

産業革命を経ていない日本を相手に、武器を持ち込んで戦争を本格的に仕掛ければ、もちろんイギリスもフランスも勝利を収めることができたはずです。ただし、当時はもっと楽に経営できる植民地がたくさんありました。日本の場所が相対的に遠かったことで、そのモチベーションは下がっていくわけです。

すでに国家として確立していた日本に対しては、侵略戦争に勝利して植民地支配を始めるよりも、貿易を通じて稼ぐ方が得策と判断したのでしょう。さらに開国以降の国内の動揺に乗じて、政府側もしくは反政府側の勢力に最新の武器や技術、知識などを「ツケ払い」で供与し、隙を見て自国に有利な体制を作ろうと狙ったわけです。これは植民地獲得の典型的手法であり、現代でも中国は「一帯一路政策」でこの手法を用いています。

私は、当時の日本人がこうした情勢をしっかり把握し、よくぞ「外患」につけいる余地を与えずに踏みとどまったと思います。幕府も、唯一の西洋の窓口だったオランダから「オランダ風説書」という報告書を献上させ、世界情勢の分析を行っていました。また、朝鮮通信使や琉球ルートでの中国大陸に関する情報、さらに蝦夷《えぞ》地で接触するロシア人からも、情報を収集していたと言います。

そのおかげで、ペリーは日本の状況に対して最新の情報がなかったのに対し、林大学頭はアメリカが日本にやってくるという予測だけでなく、ペリー自身に関する個人情報まで知っていたと言われています。こうした外国勢力の意図を見透かしていたからこそ、戊辰戦争をはじめとする混乱は、国体を揺るがしかねない一大危機であったにもかかわらず、明治維新では国土が大きく荒廃することもなく、中心都市の江戸もほぼ無傷で守られ、国内の対立が比較的早く解消されたのではないかと思うのです。

そこには、「日本国内の権力闘争に勝つ」というモチベーション以上に、「オールジャパンで外患に立ち向かう」という意識があったように思えるのです。これは与野党問わず、現代の国会議員がまさに見習うべき精神であり、たいへん素晴らしいことだと思います。

国土の荒廃、サムライ同士のつぶし合いが外国勢力にとって願ってもない結果を招く事態であることを、当時の日本人は賢明にもすでに知っていました。幕府はフランスと、薩摩《さつま》や長州はイギリスと手を組みますが、外国と組んだ彼らは、同時に、決して外国のために日本の国体を失わないよう冷静に考える意識を持ち続けたということなのです。

内戦で、人命だけでなく、産業基盤、都市基盤を壊し、国論を二分してしまえば、あとは外国勢力による半植民地化を待つばかりです。明治維新は、表面的には江戸幕府とその後の明治政府の争いですが、お互いに外国勢力の侵略意図をにらみながら、非常にうまく戦ったと言えるのです。

もともと確固とした国があった日本、もともと国ではなかったアメリカ

私はアメリカ人ですから、日本の近代以降の流れを決定づけたこの時代を考えるとき、さらに100年ほどさかのぼったアメリカ独立戦争のことを、どうしても思い起こしてしまいます。

いずれも「外圧」によってもたらされ、その後の国の行方に大きな影響を与えた出来事です。そして、幕末の100年近く前にアメリカの独立があり、西部への領土拡大と

開拓があったからこそ、アメリカは自ら日本にやってきて日米関係が始まったわけです。私は日米の出来事を比較することが好きですし、また比較することで、今の日本人が明治維新を正しく捉え、考えるための新しい切り口を提供できるかもしれません。

まず、第一印象として、両者には大きな違いを感じます。日本は天皇をいただき、長い間確固とした国として存在していたのに対して、アメリカは独立の機運が高まるまでは、あくまで今日で言う州単位でのアイデンティティしかなく、あまり国としての自覚がなかったからです。当時大統領のようなリーダーはいませんでしたが、それはつまり、不要だったからです。違う見方をすると、日本は古くから文明国、先進国的だったのに対して、アメリカはいくら移民の集まりとはいえ、原野の中で手探りしながら、目に見える周囲とだけ関係する生活をしてきました。そこから国としての統一感と愛国心を新たに発掘し、イギリス国籍だったアメリカ人の先人はイギリス正規軍と戦って、独立を勝ち取ったわけです。

ただ、当時のアメリカには無限ともいうべき新天地が眠っていて、言ってみれば、失敗しても逃げる場所には事欠きませんでした。西に行けばいくらでも手つかずの土地があったからです。初代大統領ジョージ・ワシントンも、フランスを追いやる過程で、ネイティブアメリカン（インディアン）の部族を壊滅させ、土地を奪っていたわけです（フレンチ・インディアン戦争）。言い方は悪いかもしれませんが、当時のアメリカの白人たちは、現実のつらさを、新天地での成功を夢見ることで耐えられたわけです。いわゆる「アメリカン・ドリーム」は、昔も今も、アメリカ人にとって必要不可欠なものなのです。

それに比べると、日本は人口に比べて国土面積が狭く、平地はさらに狭いので、当時すでに開発できるところはほとんど残されていない状況だったはずです。まして鎖国しているのですから、国内で争いがあっても、どこにも逃げるところはありません。無茶な夢は見ず、現実的に妥協して生きていくことが賢明だったのでしょう。そして万一、村社会というコミュニティからはみ出してしまうと、まともに生活することすら難しかったのです。アメリカ人が他者との違いに比較的寛容で、初対面の人との共通点を探そうとするのに対して、日本人は互いの表情を読み合い、自分との相違点を探して保守的な態度をとりたがる傾向があるのは、新しく仲間を増やすことよりも、外敵を排除する必要性のほうが強いことから、当然の成り行きなのかもしれません。

まったく異質なはずの明治維新とアメリカ独立戦争の「共通点」

このように、まったく異質なはずの明治維新とアメリカ独立戦争ですが、私にはひとつの大きな共通点が見えます。

それは外圧によって、それまで平凡な暮らしをしていた市井の人たちが急速にまとまり、一致団結して協力しあい、現在に至る国の形を作ったという点です。

幕末の外圧とは、経済力と技術力、それらの結実としての軍事力を背景とした開国と市場開放の要求でした。江戸幕府には、外圧に対して根本的に対抗する手段がなく、それまでおおむね平和で穏やかだった日本国内は一気に大混乱になりました。ある者は幕府の弱腰を批判し、ある者は幕府が朝廷の許可なく開国を進めたことに怒りました。

またある者は西欧の技術力、軍事力を恐れて、日本のこれからを憂い、江戸幕府ではこの事態に対処できないと立ち上がりました。こうしたなかで、それまではチャンスを与えられなかった才能が数多く花開き、身分より能力とやる気を生かしやすい世の中が現れました。おかげで、特に地方出身の若者の力が国を守るために使われていくことになりました。

その100年近く前のアメリカでも、実はよく似たことが起きていました。イギリスの植民地だった13の地域は、自由を求めてヨーロッパからやってきた人々やその子孫でしたが、イギリスをことさら敵視していたわけではありません。彼らもまた、「世界に冠たる大英帝国の一員」という自負と誇りを持ちながら、日々開拓者として生きていたわけです。こうした状況では、アメリカという統一感は薄いものでした。

ところが、すでに述べたとおり、イギリス本国の事情から徐々にアメリカ植民地に対して圧政とも言うべき不平等な課税政策が始まります。これに対して、13植民地の人たちは立ち上がり、ゲリラ戦を展開しながら抵抗したわけです。

ただし、その目的はあくまで自分たちが、同じイギリス人として不当に扱われたという「ショック」が根本にあったと思います。アメリカにやってきた人たちは「植民地の住人」という意識は薄く、単にフロンティアに移り住んだだけで、イギリス本国の人たちと対等な立場だと思っていたのです。日本でいえば、明治初期に屯田兵として北海道に移り住んだ人たちと同じ意識です。それなのに、糖蜜や紙、ペンキなどに高い税金をかけられ、そして印紙税に代表されるような差別的な扱いを受けたから、怒ったのです。アメリカの植民地の住民は、イギリス本国の議会に政治家を送ることができず、これらは一方的な処置でした。自分たちは命がけで新天地を開拓しているのに、結局は本国から資源や利益だけを吸い取られ、同じイギリス人として平等には扱ってもらえなかったのです。彼らは、何よりも「不平等」に怒ったわけです。この点では、幕末の日本と似ている部分があります。

そうして、独立戦争を勝ち抜いた後、そのまま「アメリカ合衆国の建国」へとスムーズに結びついたかというと、実は若干のタイムラグがあります。独立宣言こそ戦争中の1776年7月4日に出されたものの、これはむしろ精神的な決意としての意味合いが強いものです。当時宣言にサインをした56人のうち相当数が後に悲劇的な末路をたどっています。彼らは明治維新でいえば、坂本龍馬や、吉田松陰、高杉晋作《たかすぎしんさく》、あるいは西郷隆盛のようなものです。

そして、どうにか独立戦争に勝利した後は、再び13植民地ごとの意識に逆戻りしてしまったのです。不平等な扱いをしてきたイギリス本国を追い払えたことで、当面の目的は達成されたからです。このあたりの流れも、明治維新を巡る有力各藩の動きと似たようなものがあります。

そして、アメリカの場合は各州や各地域で宗教や文化、民族的な違いが明確にあります。というよりも、もともと同じ宗派や民族の人たちが欧州各地で集まり、移民船に乗り込んで北米大陸に入植して、コロニー作りが始まったという歴史的経緯があるため、各植民地同士は互いに反目しあい、排他的な関係でした。いくらジョージ・ワシントンが偉大なリーダーだったといっても、しばらくは独立宣言だけがあって、現在のような連邦議会も合衆国憲法も、大統領も存在しませんでした。国を束ねる連邦的な組織の運営コストですら、各州は負担を渋っていたのです。

そこから「アメリカ合衆国」としての意識作りを憲法と議会に結実させ、中央集権的な流れに向かいました。ワシントンがアメリカ合衆国の初代大統領に就任したのは、独立宣言から約13年後の１７８９年４月30日です。このあたりも、大政奉還による王政復古から戊辰戦争に至る経緯とは順序が逆とはいえ、紆余曲折を経て、強いリーダーシップの下に国民が一致団結したという意味で、日米に共通するものがあります。

各州の力をまとめるため、新しく州の上に連邦という概念を作り、合衆国憲法や星条旗の存在によってアメリカ国民の統合を行ったわけです。もっとも日本にはもともと天皇という至宝が存在しており、アメリカにおける憲法や星条旗の役割を担ってあまりある伝統と権威を持っていましたから、それを再発見、再評価すればよかったのです。それがなかったアメリカは、人工的に統合のシンボルを作らなければならなかったのです。

そして何より、日米どちらも国にとっての一大事がなければ市井に埋もれていたような人たち、日本語で言う「草莽《そうもう》」の大活躍がありました。理不尽な出来事にたいして、人々の力を結集するために私心を捨て、命すら捨てる覚悟で立ち上がり戦ったのです。より大きな視野を持つこのような愛国者たちのおかげで、日米両国とも新しいステップに進むことができたわけです。

イギリスの「魔の手」から紙一重でうまく逃れた

日米に共通する大きな特徴として私が気になるのは、いずれも当時の覇権国家であるイギリスの「魔の手」から、うまく逃れることに成功している点です。

アメリカは、イギリスの圧政から脱して、独立しました。

当時の「アメリカ人」としては、一度イギリス本国に逆らった以上、もはや逃げずに戦うしか生き残る道はありませんでした。

特に真冬の戦いは、敵兵との戦闘であると同時に気候との戦いでもあったといいます。アメリカは北部や山間部だと川が凍るような国です。イギリスよりもさらに寒さが厳しいわけです。もちろん、独立軍はその多くが民兵ですから、銃や弾薬ですら「手弁当」で戦っていたわけです。当然、満足な温かい服も戦場で暖を取るための物資もありません。しかし、その土地に暮らしていて気候の厳しさを知っていた点は有利でした。そこにフランスが手助けしてくれて、ようやく紙一重で勝利をつかむことができたわけです。

一方日本では、開国と条約締結を促したアメリカが南北戦争の勃発で消えた後、最終的には薩長側にイギリス、幕府側にフランスがつく格好となり、代理戦争の体があらわになっていきました。もっとも両国は直接大軍勢を送ったわけではありませんが、アメリカ独立戦争終結で余った武器が大量に持ち込まれ、武器で一儲けし、さらに加担した方が勝利すれば、その後の通商で有利になると踏んでいたわけです。

イギリスは、長崎市内の高台にある観光名所「グラバー邸」で有名なグラバー商会や、その出身母体であり、アヘン戦争以降、香港《ホンコン》や上海《シャンハイ》を拠点にビジネスを展開していたジャーディン・マセソン商会が、薩長など討幕軍に武器を売り、結果としてフランスに勝利するわけです。

最近、西鋭夫《にしとしお》先生（スタンフォード大学フーヴァー研究所教授）の明治維新に対する分析が話題を集めています。その中でも特に私が注目するのは、こうしたイギリス資本の商社が、アヘンなどの麻薬を中国市場に流し、茶の貿易で流出した通貨を回収しようとしたモデルを、当初日本にも持ち込もうとしていたのではないかという指摘です。

少し横道にそれますが、なぜ現在の中国は、日本に対して歴史問題を責めておきながら、アヘン戦争の経緯と、イギリス、インド、中国の恐ろしい三角貿易のシステムについては特に何も言わないのか、納得できません。イギリスは植民地のインドでアヘンを生産し、ただ金儲けのために、清《しん》王朝時代の中国をアヘン中毒だらけにした国です。清国はそれを止めようとしますが、コテンパンに返り討ちにあって、香港などを植民地として奪われたわけです。日本が中国大陸で犯した「悪行」など、イギリスが世界各地で犯した悪行と比べたら「子どもの悪戯」みたいなものです。日本は、このような理不尽な点をもう少し国際的に訴えても良さそうなものなのですが。

話を戻しましょう。しかし結局、日本はイギリスの植民地にはならず、中国のようにアヘンが蔓延することもありませんでした。ここには、市場として簡単に搾取はできず、国としてまとまっていて成長も期待できる日本は、貿易を抑えながらむしろ技術を供与して成長させ、ロシアと対抗させるほうが有利だというイギリス側の判断が働いたものと見られます。今になって考えれば、この読みは正確だったと言えるでしょう。西先生は「お金がどこから出たかで答えが出る」というのが持論ですが、一方でイギリスは、少なくともその時点では、お金の流れをはっきり示さないしたたかさを持っている国です。後世になってみて初めて、日本はイギリスに利用されながら、しかし実は利用をし返しつつ、最終的には戦争を経て再び準同盟関係になろうとしています。こうした関係のレールを最初に粘り強く作ったのは、まさに明治維新以前の日本人が頑張っていたからなのです。

日本を強くするための内戦とアメリカを作るための独立戦争

結局、日米の決定的な違いは、すでに確固として存在していた国が危機にさらされた結果、なんとか難局を打開するためにやむなく内戦を展開した日本人に対し、もともと国という意識に乏しかった北米大陸に住む人々は、イギリスとの独立戦争を戦うことで初めてアメリカ人になったわけです。その点では独立戦争は、英王室による支配という「国体」を否定した「革命戦争」なのです。他方、旧幕府は朝敵とされてしまいますが、その実態は新政府側も旧幕府側も、天皇に逆らう意図があったわけではなく、あくまでもどうすれば天皇を頂点とした日本の国体と独立を守れるのか、その主導権と方法を争いました。しかしアメリカは、はっきりとイギリス国王に戦いを挑んで、国体を完全否定したわけです。日本では、旧い価値観を何でも破壊したように見える織田信長《おだのぶなが》ですらこれをやらなかった。日本で革命戦争を望むのは、せいぜい共産主義者くらいでしょう。

戦争の後どうなったかも、日米ではっきりと形態が分かれました。日本は外国に侵略されないため、そして国力を育てるために「日本合衆国」を捨て去り、天皇を中心とした中央集権的な体制を採る「大日本帝国」が作られていきます。アメリカはどうにか連邦政府はできたものの、相変わらずあくまで人々の中心にあるのはそれぞれの州であって、憲法に具体的に書かれた以外の権利はあくまで州に留保されているわけです。

日本は後年、大日本帝国憲法を制定しますが、西欧へのキャッチアップに成功し、国内が安定していくにつれて憲法改正から遠ざかっていったのに対し、アメリカでは状況と意識の変化に応じて、柔軟に憲法が修正されていきました。

建国の当時、一部にはジョージ・ワシントンを「王様」にしようという動きがあったと言います。しかし、ワシントン自らがその誘いを断ち切ったのです。国家元首と行政府のトップは分かれていることが一般的だった時代に、世界で初めて大統領制を打ち立てて国家元首と行政府のトップを一致させたところに、アメリカという国家のオリジナリティがあると思います。それができたのは、独立戦争という戦いを経て、ゼロから国を作ったからです。一方、日本の明治維新での戦いは、あくまでも、すでに存在していた国をもっと繁栄させるための戦いだったのです。

主役たちが若かった幕末・明治維新

幕末・明治維新で驚かされるのは、今の日本ではちょっと考えられないくらい、若い人たちが主役を担っていたことです。

いわゆる「維新の三傑」だけを見ても、明治維新（１８６８年）段階で満40歳を超えているのは西郷隆盛だけで、大久保利通《おおくぼとしみち》や木戸孝允《きどたかよし》はまだ30代だったわけです。

維新を目の前にして命を落とした代表的人物である坂本龍馬、中岡慎太郎《なかおかしんたろう》、高杉晋作、吉田松陰などはいずれも、亡くなった当時30歳前後でしたし、新撰組《しんせんぐみ》の近藤勇《こんどういさみ》や土方歳《ひじかたとし》三《ぞう》も30代半ばでした。公家の「黒幕」として、維新の主要人物の中では比較的年長者のイメージがある岩倉具視《いわくらともみ》ですら、実は40代前半なのです。沖田総司《おきたそうし》や久坂玄瑞《くさかげんずい》、橋本左《はしもとさ》内《ない》らに至っては、後世に名前を残しながら20代前半で亡くなっています。30代の人物は現代のサラリーマンでいうと、せいぜい中間管理職くらいでしょうか。現代の日本は若い人ほど左翼的なものの見方や、年功序列的な考え方から自由になっていますから、時代が巡って当時と同じような局面が来ているのかもしれません。

彼らはなぜ若くして活躍できたのでしょうか。その背景には、寺子屋や藩校、私塾といった日本の整った教育制度と、ある種の「常識の破壊」があったのだと思うのです。

当時教育を受ける機会があった10代の子どもたちは、ある意味で今の日本と変わらない詰め込み教育、暗記型教育を受けていたはずです。それは読み書きを学ぶために必要な過程であって、あくまで寺子屋で教わるのは、実用的な教育でした。しかしその段階を突破すると、「そもそもなぜ学ぶのか」という命題も考えつつ、高等教育を受けました。これはむしろ、今の日本の教育に欠けている大変重要な要素だと思います。

ただし、藩ごとに誰を対象として教育を施すかは違っていたと言います。あくまで高級武士の師弟に限っていたところでは、高等教育を受ける機会を得るには身分が伴っていなければなりませんでした。しかし、むしろ財政難に苦しんでいたり、辺境にあったりして、因襲的で保守的な教育に飽き足らず、階層より能力に応じた教育を施した藩に、若き天才や秀才が現れたとみるべきでしょう。これは自然の摂理から見て当然です。できるだけ多くの分母からセレクションをかけた方が、より優秀な才能をプロモートできるからです。

　こうした教育方針の最右翼にいた藩のひとつが、長州藩でした。

　長州は、当時の日本の中で決して恵まれた場所だったわけではありません。傾斜地が多く、田畑に向かない土地が多いのです。

　一方で、日本海側から瀬戸内海を経て大坂に向かう船の航路に当たっていたこと、銀や銅などの鉱物、塩や蠟などといった商品を産出していたことから、ビジネスの気質が育まれました。こうした状況で藩の財政をうまく運営していくには、できるだけ広く才能を募るべきだという風潮が藩内に生まれ、早くから藩校（明倫館《めいりんかん》）が運営され、さらにそこで学んだ藩士たちが、より広い階層の子どもたちを教育していく仕組みが作られていったのです。

　こうした歴史が100年以上続いた後で生まれたのが吉田松陰であり、松下村塾だったわけです。決して一朝一夕ではなく、長い伝統のなかで作られた流れがあったからこそ、突然の危機にも、物事の基礎を知った上で自分の頭で考えることができる人的なリソースが、長州藩には豊富にあったということです。

長州――松下村塾と若き志士たち

私は特に、日本の雄藩における教育が素晴らしいサイクルで行われ、引き継がれていたという典型的な例を、松下村塾と吉田松陰に見ます。

つまり、吉田松陰という稀代の天才が幕末の日本に現れたことは素晴らしい幸運だとしても、それよりもはるか前から、長州藩にはそうした不世出の才能を取りこぼさず、埋もれさせない仕組みが整っていたわけです。だからこそ、松陰は幼い頃から目一杯インプットを行って自分の能力を伸ばし、それを後の世代にアウトプット、つまり伝えていくことが可能だったわけです。

今さら私が強調することでもないのですが、そうした仕組みがあったからこそ、松陰は高杉晋作、久坂玄瑞といった、維新の成功を待たずにこの世を去ってしまった人だけでなく、伊藤博文《いとうひろぶみ》のように実際に明治の近代日本を担っていく才能を預かり、見事に育てることができたわけです。

ところで、私が吉田松陰に見るのは、実用的な学問を究めただけでなく、なぜそれを究めるのか、学びを究めて何に使っていくのかを考えることに行き着いた誠実さ、当時の言葉における「至誠」の考えです。

もともと兵学の天才として幼い頃から名をはせていた松陰ですが、たどり着いた境地は「至誠にして動かざる者は、未だ之れ有らざるなり」（こちらがこの上もない誠の心を尽くしても感動しなかったという人には、いまだに会ったことがない）という「孟子」の一節だったといいます。

つまり、究めた兵学を駆使して敵を追い落とすことだけに主眼を置いていたのではなく、誠の気持ち、祖国を守り、人を育てる気持ちに結びつけていたのです。こうした考えは、なかなか西欧世界、特にヨーロッパには根付きません。互いが持つ階級差の問題、宗教の問題などが絡み合って、どうしても人と人との間には壁があり、普遍的な「至誠」という概念が成立しにくいからです。

もしも、松陰の時代に黒船が来ることなく、松陰が密航を企てることも、処刑されることもなく、さらに50年、100年と平和な江戸時代が続いていたとしても、おそらく松陰の教育方針は変わらなかったはずです。そして、どの時点で突然日本の存在を揺るがす事態が起きたとしても、松陰か、あるいはその教えを受け継いだ弟子、孫弟子たちが、揺らぐことなく、「至誠」の心で最大限の力を発揮したのではないでしょうか。松陰は命を失った代わりに、その名声と名誉にふさわしいレガシー（遺産）を後世に残しましたが、それはあくまで時代の巡り合わせに過ぎなかったとも思うのです。

そのほかにも、日本だけが植民地化を防ぎ、近代化に成功できた理由はさまざま挙げられるのですが、この松下村塾に代表されるような、良質の教育が再生産され受け継がれていく仕組みがなければ、少なくとも日本が急激な変化に対して、本質を見失わず対応することはできなかったと思います。これについては、第２章でより詳しく見ていくことにします。

薩摩――イギリスと話ができる雄藩が生まれた奇跡

今日ではむしろ画一的と捉えられがちな日本の地方にあって、この時代に「雄藩」と呼ばれた有力かつ先進的な藩が複数存在していたことは、明治の近代化を進める大きな役割を果たしました。

江戸や京都から遠く離れたところにありながら、これらのグループがなぜ存在できたのか、そしてどうして日本を正しい方向に導くことができたのかについては、非常に興味深いものがあります。地方創世のヒントにもなりそうです。

長州については先ほども述べましたが、もうひとつの中心的存在となった薩摩も、南の海に向かって大きく開けています。奄美《あまみ》や琉球を実質的に支配し、その先の中国大陸とのつながりもあったことがよく知られています。幕府の立場ではそれは密貿易なのでしょうが、少なくとも200年以上も国を閉ざしている中にあって、薩摩は開明的な、そして先見的な立場を保持できた上に、情報とお金を蓄えることもできていたわけです。

そのなかでも特に、島津斉彬《しまづなりあきら》の存在は大きかったと思います。斉彬はオランダ文化が大好きだった曾祖父の重豪《しげひで》の影響から、海外の文明（その当時はオランダ経由）に関心が高く、文化についても、技術についても、新しい要素を受け入れる大切さ、重要性、そして何より楽しさを知っていました。

なぜなら、そうした事柄を重視すればするほど、教育方針としては、より適した才能を広く見いだして学ばせることの有効性と正しさに行き着くからです。そのおかげで、西郷隆盛や大久保利通などをはじめとする、決して位が高いわけではなかったサムライの中から真の実力者、真のリーダーの卵をプロモートし、力を発揮させていくことにつながったわけです。

鎖国中の日本にありながら、これは非常に合理的で、世界の情勢に適した政治だったと思います。財力に知力が重なり、よく軍を鍛えたからこそ、薩摩は薩英戦争（1863年）を経てイギリスと手を組むことができました。より正確に言えばイギリスに「薩摩は利用できる、敵対するより利用した方が自分たちに有利だ」と思わせることができたのです。

一般には、薩英戦争を経て薩摩とイギリスが組んだと言われていますが、すでに産業革命を成し遂げ、オランダに代わって世界の海を支配しつつあった大英帝国と、いまだ産業革命すら始まっていない日本の一地方の藩とでは、大きな格差があったはずです。その両者が互いに手を組むなど、いくつもの奇跡的なステップを経なければ、とても考えられないことです。そもそも、戦端が開かれた原因は、薩摩によるイギリス人の殺害（生麦事件《なまむぎ》）にあるのです。

復讐のために薩摩を攻撃し、屈服させるつもりで鹿児島湾内に入ってきたイギリス艦隊は、市中に大砲を放って大火災を起こします。薩摩側も自前の大砲で応戦し、一発の砲弾が見事、旗艦ユーライアスの軍議室（艦橋）で爆発。居合わせた艦長と副官が戦死します。そのほか、イギリス側軍艦に相応の損害を与えます。天候面で薩摩側にやや有利な面があったとはいえ、当然勝利するつもりで乗り込んできたイギリス艦隊は、結局上陸もせずに、鹿児島を去ってしまうのです。

ほぼ2年間にわたって一方的な勝利を収めたアヘン戦争とは違い、イギリスはアジア地域に、西欧に対抗できる資質と技術を持つグループがあることを知り、日本を簡単に征服できないことを実感します。この経験が、明治以降の日本にどれだけ有利になったことでしょうか。このときの薩摩の頑張りがなければ、その後の日本の歩みはずいぶん違っていたはずです。

そして、薩摩との戦後交渉で、イギリス側は彼らと付き合うメリットを悟り、実に機を見るに敏ですが、方針を大胆に転換して倒幕に加担することになります。

方針を転換し始めたのは、薩摩も同じです。彼らは攘夷によって国を守ることの重要性を認識しながらも、実際問題としてそれが可能なのか、大いに疑問だと考えるようになるのです。

最低限の「攘夷」としては、すでに不平等条約が結ばれ、外国勢力が国内に進出している中で、日本が独立を守り、植民地にされないことです。その一方で、少なくとも現時点で真っ正面から戦争をして西欧に打ち勝つなど夢のまた夢であり、無茶な攘夷はかえって独立を危うくするという事実を悟るのです。

私は、こうしたリアリスト的なものの見方が、斉彬以来の近代的で科学的な武器の製造と、それらを運用する実践的な訓練などを通じて、薩摩藩士の中に培われていたのではないかと思います。

いがみ合っている薩摩と長州を組ませた土佐の龍馬

他方、尊皇攘夷のやり方を巡って長らく薩摩と対立関係にあった長州も、薩英戦争の少し前に、攘夷の最先鋒として外国船に砲撃を行って、いったんは追い払います。しかし、翌1864年の下関戦争では、イギリス、フランス、オランダ、アメリカの連合艦隊に反撃され、完敗を喫して攘夷の難しさを痛感します。そして、幕府の非現実的な攘夷の方針に批判を強める勢力が、藩内の主導権を握ることになります。

こうしたなかで台頭してきた高杉晋作は、かつて幕府が出した千歳丸《せんざいまる》で上海を視察した経験があり、イギリスがいかに中国を支配しているか、そして太平天国の乱による国内の混乱を自らの目で見ています。彼は心の中に、「外国勢力にしてやられれば国が失われる」という強烈な印象を焼き付けて長州に戻ってきたのです。それを防ぐには、幕府か朝廷か、長州か薩摩かという問題や、名家の出か下級武士出身か、サムライか町人かという問題は、些末なことに過ぎないと痛感したわけです。とにかく勝てる軍隊、強い軍隊を持つこと。相手に戦意を喪失させ、攻め込むことを諦めさせる軍隊を作ることが重要だと悟り、奇兵隊をはじめとする強い軍隊を組織、指導していきます。そして最終的には、それが倒幕と、明治維新の原動力となるわけです。

こうした両藩をつないだのが、土佐藩出身のヒーロー、坂本龍馬であることはあまりにも有名です。

薩長同盟は1866年に結ばれますが、この時点では薩摩に倒幕の確固とした意志はなく、あくまで長州が幕府側に攻撃されると自分たちの存在感が低下するため、実利的な軍事同盟を結んで対抗するというのが、本質的な目的でした。

しかし坂本龍馬は、軍艦・商船の操縦を学んだシーマン、海の男でした。船の操縦というものはどこまで行っても現実的、かつ科学的なものです。海外の事情にも詳しく、「万国公法」なども読み込んで、世界の動きと常識に通じていた龍馬の目には、すでに幕府に国を運営していく力がないこと、早く幕府を倒して近代化を成し遂げなければ、日本が危うくなることが十分にわかっていたのです。

薩長同盟は、薩摩の軍事力や技術と、長州の豊富な食糧とのバーターであったことも知られていますが、坂本龍馬にとってはそれもまた両者を納得させる理由のひとつに過ぎなかったと思います。より開明的な勢力をできるだけひとつにして、将来の日本を考える足がかりにしようとしていたに違いありません。

こうして考えると、薩長に比べて一見地味な土佐が、実質的には日本の破綻を防ぎ、もっとも「コストをかけない」形で明治維新を乗り切らせた、プロデューサーだったと言えるでしょう。

土佐もまた、歴史的な理由から権力闘争が絶えず、財政難もあって多くの問題を抱えた藩でした。成り行きで傍系から藩主になった山内容堂《やまうちようどう》が、薩長のように下級武士を多く登用する仕組みを作りました。龍馬はその流れで取り立てられるも、脱藩して幕府側の勝海舟の下で海運を学ぶことができたわけです。土佐藩は藩としてのまとまりに欠け、薩長ほどの大きな主導権はなかったとはいえ、結果として多数の優秀な人材を在野に送り込みました。14歳のときに初めての漁で遭難し、アメリカで教育を受けて土佐に戻ってきたジョン万次郎の存在も大きかったでしょう。そこで得られた自由な視点は、龍馬のような広くて、高い視点から、日本の将来を考える手立てとして役立ったはずです。

江戸幕府は戦争から「降りた」

こうして述べていくと、「ケントはさすがにアメリカ人、あくまで後の新政府側を評価するのだな」と考える方が多いと思うのですが、私はそれと同様に、役割を終えて滅亡していった江戸幕府の功績も非常に大きかったと考えています。

より正確には、江戸幕府最後の将軍となった徳川慶喜《とくがわよしのぶ》が、無理に時代の流れに逆らわず、権力の座にしがみ付こうとせず、いいタイミングで権力や戦争から「降りた」ことが、その後の日本のためにどれだけ役立ったのかを、もっと積極的に評価すべきだと思うのです。

その直接的なきっかけとなったのは、薩長側が打ち立てた「錦《にしき》の御旗《みはた》」です。

これは要するに、徳川が「天皇の敵」であることを明確にする視覚上のシンボルだったわけですが、実際には薩長側に通じていた三条実美《さんじょうさねとみ》などの公家勢力が、かつての記録を元に、半ばでっち上げる形で作り出した「お飾り」のようなものでした。

ただし、その威光は強烈でした。先手を打って大政奉還を行いつつ、新政府に強い影響力を残そうとした徳川慶喜は結局大坂を去り、自ら上野の寛永寺で謹慎生活に入ります。江戸城が無血開城されたあと、会津藩などは徹底的に抗戦し、白虎隊《びゃっこたい》などの悲劇もありましたが、新政府軍と旧幕府軍の戦いで、日本全体の人命やインフラを大きく破壊することはなく、歴史の転換点としてはとてもスムーズに権力の転換が推移していったのです。

見方によっては、当時の旧幕府軍が本気で薩長新政府軍と戦っていれば、互角かそれ以上の戦果を得られた可能性があったと言います。そう、これには両者の背後で武器弾薬を供給する、イギリスとフランスの争いという構図もあったからです。もし「錦の御旗」がなければ、幕府側に加担する藩も実際の歴史より多かったでしょう。

しかし実際には、こうして後世から見れば「わずか旗の一つや二つ」で、まるで「談合」でもしたかのように、オールジャパンとしては、外国勢力を利するだけの無益な内戦を最小限にとどめることができたわけです。

このような歴史の中で、咸臨丸で太平洋を往復し、アメリカの実情を見てきた勝海舟が果たした役割は大きかったと言えます。坂本龍馬が師匠として慕っただけあって、勝海舟もまた、ひとりの幕臣としてではなく、歴史の転換点に立つひとりの日本人として、国の未来のために最良の道を選ぶ見識を備えていました。

また、有力大名として自身の温存を図ったはずの徳川慶喜もまた、フランスと手を組みながらも、鳥羽《とば》・伏見《ふしみ》の戦いで時代の変わり目を悟り、自ら身を引く形となったのです。考えてみれば、徳川慶喜の年齢も30歳前後でした。よく当時、こうした判断、英断が可能だったかと感心します。実際のところ、双方が戦えば戦うほど、日本が植民地になっていく可能性が高かったわけですから。

私は、江戸幕府の引き際のよさ、そして逃亡したと評されがちな徳川慶喜についても、現実的な判断力で、国土やインフラの荒廃を防ぎ、失われても不思議ではなかった数多くの人命を救ったと考えています。

必要最低限だった戊辰戦争

それでも、戊辰戦争は最終的に箱館まで進んでいくことになりました。

この流れについては、明治以降の日本のあり方を決定づける戦闘だったというよりは、260年続いた江戸幕府の終わりに対する精神的な整理、あるいは武士としての義理を果たすことを諦めきれなかった人たちの、悲しくも美しい戦いだったと解釈しています。

負けるとわかっていてもしなければならない戦い、負けることに意味がある戦いというのは、とても日本的で、多分に物語的であった半面、こうしたストーリーが主として江戸よりもはるか北側で、相対的に小規模で展開されたことは、その後の日本にあまり大きな悪影響を残さなかった点で幸いだったとも言えるでしょう。

私が不思議に、そして素晴らしいと思うのは、会津《あいづ》藩に代表される旧幕府側勢力の負けていく有様もまた、今の日本人はむしろ肯定的に見ているということです。あるいは、負けて死んでいった人々に対する愛情、名誉の保持について、現代にいたるまで日本人は気を配っているのではないでしょうか。

東北の諸藩が新政府（薩長）側に強く抵抗したことは、もしも国や文化が違えば、あるいは現代に至るまで、根深い恨みや下手をすれば差別感情として残ってしまう可能性もあるわけです。人的な交流を完全に避けたり、機会を均等に与えなかったりすると、やがて国は分断されてしまい、国力の発揮を妨げてしまいかねません。

このような日本人の「水に流す」という気質は、私が大好きなところです。

もっとも、明治の初めの頃は、それなりに差別的感情があったということも事実のようです。

攻めてきた藩と攻められた藩の子孫同士が、たとえば東京で出会って魅かれ合い、結婚しようとしても、親や親戚に反対される。あるいは官吏や軍人に登用されても、佐幕側の藩出身者は差別されたということが語られています。それでも現在では、一般の国民感情としては、すっかり解消されているように見えます。

その証拠に、多くの日本人は、新撰組や白虎隊の物語に、日本人としての大切な心を見いだし、今なお感動して、さまざまな形態で語り継いでいるわけです。そして、一般の日本人は観光地として会津若松を訪れ、鶴ヶ城《つるがじょう》や飯盛山《いいもりやま》を見学しています。あるいは函館の五稜郭《ごりょうかく》も同様です。

そこには、近代化という進歩を阻みかねなかった勢力に対する恨みや軽蔑などまったく存在せず、むしろ苦しい時代に己の生を全うした人たちへの尊敬の心があるだけです。

山口県が地元の、つまり長州にルーツを持つ安倍晋三総理大臣が、会津で選挙応援演説をした際、先祖の長州藩士たちが会津の人々に「迷惑」をかけたことを謝ったと言います。また、国会でも、官軍、賊軍という言い方を避けて「強い危機感の中で多くの人たちが命をかけて明治維新を成し遂げ、独立を守り、技術を進歩させた」と答弁しています。

それぞれの藩に思い入れのある人には、いまだにシビアな問題があるのかもしれません。しかし、私は多くの日本人がこうしたストーリーを「ロマンチックでユーモアのあるもの」と解釈し、むしろ日本全体の偉業の一部として思いをはせることのできている現在こそ、素晴らしいと思いますし、積極的に評価したいです。

世界には、出身地や宗教だけで、レイシズムまがいの無益な争いをしている国が少なくありません。そんな中で、日本人は先人たちがそれをできるだけ避けたことによって、国を成り立たせ、国民が互いの力を引き出してきたのです。

現実的な見方に戻れば、戊辰戦争は最終的に必要最低限の戦いで終えることができたと評価できるでしょう。こうした流れがあって、日本は近代国家としてのスタートラインに立ち、屈辱的な不平等条約を解消するための、本当の意味での「攘夷」を始めることができたわけです。

第2章　なぜ日本は明治維新ができたのか

いろいろな時代を演じた役者としての私

ところで、第1章で見てきた明治維新のポイントを振り返って私が思うのは、日本人が成し遂げたことへの素朴で素直な感動です。

もちろん、多くの日本人も同様の気持ちを持っているでしょうし、共有もしているでしょう。ただし、ほとんどの場合そのストーリーは1853年の浦賀《うらが》沖で黒船が蒸気を吐いているところからスタートしていて、なぜかそれ以前の日本については、あまり考察がされていないように私には思えるのです。

私は、日本人でもないのになぜこの点が気になるのか、自分自身でもよくわかっていませんでした。ただ、思い出してみると、私は80年代から、さまざまなドラマに呼ばれて外国人の役を演じる機会があり、典型的な日本人とは違う、ある種の「疑似体験感」を持っていたのです。

演じた時代もさまざまです。NHK大河ドラマ初の現代劇である「山河燃ゆ」(山崎《やまさき》豊子《とよこ》氏の小説「二つの祖国」が原作)では、駐日アメリカ人の新聞記者を演じています。一方で「水戸黄門《みとこうもん》」(TBS)にも二度出演し、平和な江戸時代にいた数少ない西欧白人のケンペルにも扮しています。もちろん私の本業は役者ではありませんから、こうした目新しい体験が、今になってみると、日本のさまざまな歴史の局面をタイムトラベルし、のぞいてきたかのような、少し不思議な感覚にさせるのでしょう。

話を戻しましょう。そんな私が明治維新を考える際に、決して見落とすべきではないと思うのは、ある日突然黒船がやってきて強いショックを受けたからといって、それを契機に急激に近代化できた国など、世界中で日本だけという事実です。黒船来航以前の日本、特に260年も続いた江戸時代に、日本を近代化に導く重要な要素が隠されているはずなのです。

長い間、左翼に支配されてきた日本の教育では、江戸時代を単純に暗い封建社会、身分制社会の前近代的な時代と決めつけ、全体としてよくなかった時代だと評価してきた印象があります。そのくせ明治維新にも負の部分があるというのですから、いったいここまで発展してきた日本のどこを評価しているのか聞いてみたいものですが、私はむしろ、主として平和な江戸時代に、後の日本が真の大国になる力が、日本人も意識していないうちに蓄えられていったと考えています。

世界史的な観点から見ても、同様の仮説が成り立ちます。結局、19世紀の段階で近代化を進められた非西欧国家、非キリスト教圏国家は日本しか存在せず、また白人ではない国で初めて大国としての存在感を世界に示したのも日本であり、長い間、唯一無二の存在だったからです。

第2章では、なぜ日本は、そして日本だけが明治維新という劇的な近代化を成し遂げられたのか、日本ならではの背景を、もっと時代をさかのぼって考え、評価してみたいと思います。そこには、現代の日本を考える上でも大いに役立つテーマやヒントが隠れているはずです。

万世一系の天皇は最大の遺産

最近、私が講演などの冒頭で、会場の緊張をほぐすアイスブレイクとして皆さんに見ていただいているインターネットサイトの動画があります。

(http://tncs.world.coocan.jp/TENNOWH.html)

これは、世界の長い歴史のなかで、文明の発生から現代に至るまで、どのように国が興り、拡大・縮小し、滅んでいったのかを、時系列で地図上にプロットしたアニメーションです。

ヨーロッパでも、中東でも、南アジア、東南アジア、中国大陸、南北アメリカでも……めまぐるしく国が生まれ、争い、攻め込まれたり攻め入ったり、分かれたりくっついたりしながら時代が進んでいきます。

イスラム世界とローマ帝国の戦い、南米の文明とそれを征服していくポルトガルやスペイン、そして北米大陸に西洋諸国がなだれ込み、やがてイギリスの植民地から独立して西へ広がっていくアメリカ合衆国。注目する地域を変え、また複数の地域を交互に眺めたりしながら、何度繰り返し見ていても飽きません。

カリフォルニア州の北部に「ロシアン・リバー」（ロシア川）という名前の川があり、現在その地域はワインの生産地になっています。その昔、アラスカを領有していたロシアは、海伝いに南下し、現在のカリフォルニア州の一部にもロシア人が入植していましたので、その名残だと思います。

しかし、世界地図の東の端にある日本列島だけは例外です。

じりじりと本州の北側までを勢力下に収めた後、その勢力範囲はずっと同じままです。大きく変わり始めるのは、アニメーションも終わりに近い19世紀になってからです。

比較のため、もっとも日本の近くにある朝鮮半島に注目してみましょう。彼らは「平万年」の歴史を自慢しますが、分裂を経て統一されたあとも、何度も周囲からの侵略を受ける歴史の繰り返しです。

中国では王朝が次々に変わっていきます。漢民族が支配していた時代だけではなく、蒙古《もうこ》族だったり、女真《じょしん》族だったりします。中国という国が一貫して続いてきたわけでは決してありません。そもそも「中国」という名称は20世紀に成立した「中華民国」が初めて使ったものです。島国の日本も鎌倉時代の元寇、戦国時代のキリスト教の布教、そして幕末期と、何度か侵略の危機にさらされたことはありましたが、中国や朝鮮半島とは違い、そのたびにうまく切り抜けることができて、結局一度も他国の手には渡らずに、天皇の下で近代を迎えたわけです。

ほとんどの日本人は、天皇の名の下に同じ「日本」という国がずっと続き、「平安時代」や「鎌倉時代」、「江戸時代」などの変化は、あくまでその一段下のレイヤーで起きたという事実を、あまり意識していません。しかし、全世界的に見れば、そして北東アジアに限って見た場合でも、非常にレアケースであり、日本の際だった特長でもあるわけです。

天皇はいまだに理解できない「謎」

私は日本の天皇を素晴らしいと思いますし、深く尊敬もしています。そして、万世一系の天皇の存在こそが、幕末の混乱を近代化にまで導いた重要な土台になっていると考えています。

ただ、あえて一歩離れて天皇が存在する日本を眺めてみると、果たしてどうしてこうした国が成立し、存続し得たのか、そのなかで天皇が代々脈々と皇統を維持できたのか、素朴な思いとして不思議でなりません。よくぞ可能だったと思うと同時に、はっきり言ってしまうと「謎」なのです。

比較の対象として、同じような島国の大国、イギリスを考えてみます。両国の国民は、それぞれの皇室・王室を似たような存在だと考えることも多いようですが、私にはまったく異質なものに映ります。

第一に、イギリス王室は連続していません。一度市民革命によって王室自体がなくなっていますし、その後も18世紀にステュアート朝の後継者がいなくなってしまい、議会での話し合いを経て、王室の遠縁であるドイツから国王を迎え入れ（ハノーヴァー朝、現在の王室につながる）ています。

誤解していただきたくないのですが、私はイギリス王室を皇室より格下と言いたいわけではありません。ここで注目してほしいのは、イギリスや、その他の西欧人にとって、王室という存在は、別のものでも代替可能ということです。あってもいいし、なくてもいい。現在の血統の王室に問題があれば、他の血統に替えてもいい。それはまるで、国と国民のために必要だから、国家が王室を所有しているような形態です。国民の意思で、国民が選んでいるからこそ王室が存在しているわけです。

しかし皇室は、これとはまったくイメージが異なります。

まず、日本の天皇、皇室は、代替が不可能です。誰かがどこかから連れてきたわけでも、誰かによって選ばれたわけでもなく、「神の子孫」なのです。

そうはいっても、現在の日本では、皇室についても民主主義国家において制度的に運用されているわけですから、やろうと思えば取り替えはできるのかもしれません。ただ、そのような発想の日本人が、多数派を占める日が来るでしょうか。今や共産党ですら、天皇が臨席する国会の開会式に出てくる時代です。

日本で、もし天皇や皇室を今のような形から大きく変えてしまうと、あたかも日本そのものの大黒柱が、あるいは日本に生きる人々の「心の芯」のようなものが同時に消え去ってしまうような感じがするのです。こうした感覚は、イギリスや他の王国の王室には感じられません。

私は世界で初めて大統領制を作り出したアメリカ合衆国の国民です。もしアメリカがイギリスからの独立を叫んだとき、当時のジョージ三世がそれを支持し、認めていたら、アメリカも、カナダやオーストラリアのように、イギリス王室をいただく「同君連合」として、今もイギリス連邦の一員であった可能性があります。しかしアメリカの人々は、そうはしなかった国王を見捨てて自分たちの国を作るために、国王に向かって弓を引いたわけです。

こうした考え方自体が日本にはなじまず、発想として出てきにくいことだと思います。戊辰戦争はまさにその典型で、徳川慶喜や多くの佐幕勢力は、錦の御旗を見て、どうしても天皇に弓を引けませんでした。武士というのは天皇を頂点とした朝廷を警護する目的で生まれたものであり、征夷大将軍はその総大将です。もし天皇に弓を引けば、それはまるで、自分たちの歴史と存在意義を全否定するような話になってしまうからです。

天皇という、世界唯一無二のシステム

海外には同じようなシステムが存在しないために、ほとんどの外国人は、天皇・皇室を「現存する最古の王朝」であるとか、「現存する唯一のエンペラー（皇帝）」という、表面的で自分たちでも理解可能な文脈でしか評価することができず、本質的な理解を妨げているように思います。

私は、大学で比較宗教学を学びました。そのなかのひとつの類例として、日本の神道がありました。ただ、知れば知るほど、神道が果たして現代の西欧で言うところの宗教に該当するのか、気になって仕方がありませんでした。

似ているとすれば、さまざまな神様が存在していたギリシャ神話でしょうか。しかし、天皇はあくまで「神の子孫」であって、神そのものではありません。それと同時に、国のために戦って命を落としたり、偉業を成し遂げ崇敬を集めたりした人が神様になれるのが神道です。明治神宮や靖国神社が代表例です。

天皇の存在自体は王様や権力者と言うよりは、八百万《やおよろず》の神様と人々をつなぐ存在なのであって、ことさらぜいたくをしたり、暴力や権力で人を屈服させたりするわけでもあ

りません。暮らしぶりはむしろ質素であって、時代によっては気の毒になるような生活をしていたこともあると言います。

私はかつて、日本に伝わる第16代仁徳天皇のエピソードを聞いて感銘を受けたことがあります。新たな都（難波）にやってきたものの、周辺の民の家からは飯を炊く煙が見えません。そのことに心を痛め、自らの宮殿の整備もままならず、雨漏りさえしているのに、仁徳天皇は租税を軽減します。やがて民は富み、煙が連日上がるようになっても重税を課すことはありませんでした。かつて世界各地の歴史に現れた大勢の絶対君主とは、まったく違うわけです。

このストーリーから見えるのは、権力者が考えるべきは全体の幸福なのであって、権力者は清廉潔白であり、自身が富を独占するべきではないという、現代にまで通用する政治の原則です。そして、日本では古来それが天皇のあり方であり、日本人自身の考え方だったわけです。

そもそも、武将は日本各地に立派で堅固な城を築いていったのに、京都の御所はただ塀で囲まれているだけなのです。つまり、臣下から攻め込まれることを前提としていないわけです。これは他国では絶対にあり得ない話です。

第二次世界大戦後にアメリカが日本の占領政策を考えた際、当初この点をまったく理解していませんでした。あくまで英語的な「エンペラー」として天皇を捉えていました。

アメリカ側が中国によるプロパガンダにはまっていたという説もありますが、単に日本について勉強不足、理解不足だったのです。天皇とは、権力を振りかざし、国民を自分の利益のために操り、隙あらば誰かにその座を狙われる中国や西洋の「皇帝」と同じではありません。日本という国のあり方そのものであり、国民の心身の一部と言っていい歴史的な意味があるわけですが、自分たちの文化には存在しないので、すぐには理解できなかったのです。その典型的な例が、終戦後初めて昭和天皇がアメリカ大使館にやってきて、マッカーサー元帥に面会した際のエピソードです。マッカーサー自身は昭和天皇がいったいどう保身を図るのかと構えていたところ、実際は正反対で「我が一身などうなってもかまわないから、国民を飢えから救ってほしい」と懇願され、非常に感銘を受けたわけです。

アメリカは、天皇の大切さに気づいたことで、天皇を残して、戦後の日本とうまく付き合っていくことができました。ずっと中国のプロパガンダにはめられたまま、昭和天皇を処刑していたら、日本は精神的な主柱を失い、反米感情と混迷の中でしばらく足踏みを続けたことでしょう。

日本人の平等好き、平等主義は天皇がいるから可能

このように、日本は世界史の中では相当に特殊な国であり、俗な言い方を許していただけるなら「変わった国」です。

そして、日本人は知らないうちに、その恩恵をいくつも受けています。だからこそ、明治維新が可能だったのです。

まず指摘しておきたいのは、日本人の平等主義、あるいは平等好きです。

西欧では、まず自然な状態での平等ということ自体がありませんでした。身分はもちろん、職業、宗教、性別、人種など、生まれながらに、そして成長していくにつれて、より強く人々の心を分けてしまうさまざまな垣根が存在し、仲間内の平等は考えても、すべての人間は平等であるべきという概念の発想すら妨げていました。

市民革命と、経済を豊かにした産業革命があって、ようやく平等であることの価値が広がっていったものの、それはある意味で無理矢理な、「人間は平等でなければならない」という妄信ともいえる信条から人々を律している仮想的な平等であって、心の底で

は今でも平等という意識のない西欧人は意外と多いのです。知識や教養、マナーといったもので、表面上の平等をなんとか維持しているわけです。ですから、まともな教育を受けられなかった人の多くは、いまだに差別的です。

これに対して日本は、神と、その子孫である天皇という存在がある以上、それ以外の人はすべて天皇の下にいる臣民であり、昔から基本的に平等なのです。

無論、貧富の差、身分の差、封建的な社会での立場の差はいつの時代もありましたが、言ってみればそれよりも前の段階から、日本人はすでに平等なのです。そして人間が平等であるべきことを、あまり疑わないのです。

何か一大事があるたびに結束する日本人の強さ、あるいは集団になった場合の驚くべき集中力は、大前提としての平等好き、平等主義が根底にあるのだと思います。その原因を、神と同一視される日本の自然の厳しさに見るというのは、私には納得がいくストーリーです。地震や水害、日照りや飢饉などが厳しい日本では、人知を超えた災害を受け止めていくために自然と神の存在を認め、できるだけ集団で仲良く暮らしてリスクを分散してきました。そのような中、神の怒りの前には、普段は偉そうな人間も無力であり、自分たちと何も変わらない。結局のところ人間は、それぞれ平等であるという考え方が、長い時間をかけて日本人の心の中に根付いていったのでしょう。

国がオールジャパンでまとまりやすい

明治維新の過程において、最後まで外国勢力に植民地化されず、決定的な国家の破壊を免れたのも、ここにひとつの理由があるのではないでしょうか。

日本は何があろうと平等であり、いつの時代、誰の政権であろうと、その権力の根元は天皇の権威から発しているわけです。平安時代に藤原氏の一族が就いた摂政や関白という役職も、鎌倉時代、室町時代、江戸時代という武家政権の頂点である征夷大将軍も、明治、大正、昭和、平成という近代日本の最高権力者である内閣総理大臣も、すべては天皇が任命してきたのですから。

従って、国内でどれだけ対立していようと、考え方が違っていても、天皇の国を揺るがすような事態を避けるという行動の原則は、誰がその時代の権力を握る主人公であろうとも、自動的に守られているわけです。

徳川慶喜が早々に戦いから引いたこと、勝海舟と西郷隆盛が話し合いで江戸総攻撃を防いだこと、そして戊辰戦争自体も全体的にすんなりとおさまり、一時は「賊軍」とされた人であっても後に許され、才能に応じて活躍できたこと。これらは言ってみれば、日本は天皇という存在のおかげで、常に「オールジャパン」であることが理由の一つだと思います。この一体感、信頼感は、いちいち市民革命や近代的な経済成長を経ずして、もともと日本には備わっていたわけです。

これは、とても大きな財産であると思います。東日本大震災で多くの日本人が見せた姿も、きっと同じ要素によるものだったと私は見ています。

これが、日本人が誇り、守っていくべき「国体」の具体的な姿なのだと思うのです。「オールジャパン」に対する危機であれば、私利私欲、名誉や権力、時には自分の命よりも優先すべきものがあることを、みんながどこかで感じている国が、日本なのです。

日本の強みは腐敗していないことだ

「オールジャパン」が成立しやすい理由は、日本人が比較的腐敗していないことです。それは褒めすぎだ、という指摘もあるでしょう。確かに、えげつない商売をする人、賄賂を受け取ったり贈ったりする人、横領や盗み、ずるを働く人はいますし、残念ながら社会的地位の高い人の犯罪も時に報じられたりはします。

しかし、私が指摘したいのは、いわゆる「売国奴」というレベルでの腐敗はまだ少ない、という点なのです。

アメリカがベトナム戦争になぜ負けたか、ご存じでしょうか。私は、その重要な理由のひとつは、旧ベトナム共和国（＝南ベトナム、アメリカ側）の腐敗が酷すぎたことだと考えています。何せ、もともとアメリカの支援で成立した国の初代大統領ゴ・ディン・ジエムは、その腐敗と人権弾圧を理由に、アメリカのケネディ政権側から半ば公然と見切りを付けられ、クーデターで暗殺されるのです。

アメリカがジエム政権に怒った理由は、政権を担う政治家が国民を信頼せず、国民もまた政権を当然のように信頼していなかったことにつきます。もともといた皇帝はすでに追放されているのですから、後戻りすることもできません。共産主義側の北ベトナムとは、その点が決定的に違っていたのです。

つまりこのケースでは、国そのものが根本的に腐敗してしまっていて、私利私欲、自己防衛のためなら、国の根幹やあり方、そして国民の生活など知ったことではないという常識が、まかり通ってしまっているわけです。

しかし日本では、利権の甘い汁を吸う、いわゆる小悪人は出ても、国体である皇室制度を破壊してまで私利私欲を満たそうとする人は、ほとんどいませんでした。すぐに思い出せるのは、自分自身が天皇の地位に就こうとした、道教《どうきょう》くらいでしょうか。室町幕府の第三代将軍である足利義満《あしかがよしみつ》も怪しい動きがありましたが。

その理由は、まず天皇自身が腐敗していなかったことです。万が一将軍や大名、役人が腐敗したとしても、天皇が腐敗しておらず、今後も腐敗しないと国民が信じていれば、全体として国民みんなが国を見切ってしまうような、みんなで国を揺るがすような大腐敗にはなりません。

なぜ天皇は腐敗しなかったのか?

天皇がなぜ腐敗しなかったのか、というテーマは、世界史的には非常に興味深いテーマだと思います。もちろん記録を読むと、実際にはあまり褒められない天皇や皇族もいましたが、それを正直に書いて残したところがよかったと思います。後世の天皇の腐敗の抑止力になったはずです。

天皇が、神と人々を結びつける接点としての存在であると考えれば、他の世界で天皇に匹敵する存在は、ローマ法王ということになるでしょう。

では、カトリックは腐敗しなかったでしょうか。残念ながら、そんなことはなかったわけです。宗教改革が始まる直前のカトリックは、教会そのものが既得権益の権化と化し、豪華な教会を作るために免罪符を売って商売をしていたわけです。宗教改革、市民革命、そして産業革命による市民の経済的な自立は、根本的にカトリック教会に腐敗が存在し、そんな腐敗は許せないというストーリーと並行して進んでいったと考えるとわかりやすいです。

腐敗が存在する状況では、人々の間に激しい争いごとが起きたとしても、彼らが教会の教えを信じて破滅的な戦いをする前に思いとどまったり、教会の神父が、神の正義や愛を持ち出して止めさせたりすることが難しくなります。

ところが遠く離れた日本では、奇跡的にそれが機能していたわけです。利害が衝突しても、政治の主導権を争っていさかいや内戦を起こしても、あくまで天皇を中心とした国のためにしていることであって、そのためのベストを多くの人が尽くすわけです。

こうしてみると、律令制の崩壊以降、南北朝時代を除けば存在感が薄かった天皇・皇室は、むしろそのおかげで腐敗しなかったとも言えるのかもしれません。人々のために国の弥栄《いやさか》を祈ることに専念できたために、何か一大事が起きて国が本当にひどい状況になれば、天皇がそこに出てくるだけですべてが丸く収まるという、最後の安全装置になったわけです。

天皇という国体＋隔絶された地理的条件

こうした、清廉潔白で万世一系の天皇の存在を可能にし、より強くした理由のヒントは、先ほど見た世界史における国の変遷に求められます。

日本は、絶妙な距離感で、他の国と隔絶されているのです。

考えてみてください。日本とよく比較されるイギリスですが、ドーバー海峡のもっとも狭いところであれば、距離にして34キロしかありません。泳いで横断することができます。船があればより簡単ですし、すでに海底トンネルも作られています。イギリスは大きな島国ですが、実際はそれほど大陸から離れておらず、よく言えば相互交流が活発であり、デメリットを言うと、大陸との戦争も簡単に起きてしまうわけです。

そうした観点で、日本をもう一度見返してみてください。もっとも近い大陸側の朝鮮半島まで、対馬《つしま》を挟んで170キロ前後あるでしょうか。かつては日本が政治制度や文化を学ぶ対象だった隋《ずい》や唐《とう》まで、当初はこのルートを伝って渡っていたそうです。その後、朝鮮の新羅《しらぎ》と日本との関係が悪くなり、遣唐使は直接大陸を目指すようになったのです。

朝鮮半島経由なら、当時の航海術でもあまり危険はなかったと言いますが、とても水泳で横断できる距離ではないことは確かですし、危険な南回りでは、たどり着けなかったり、帰ってこられなかったりした使者や留学生が続出したわけです。

つまり、日本と日本の周りにある外国との関係性は、日本側が平和目的で「どうしても行きたい」と思うときに限って、頑張ればどうにか行けるというくらいの距離があるわけです。そして、日本を攻撃したいという外国があっても、あるいは日本が外国を攻撃したい場合でも、近代化以前では、そう簡単に兵を送ることはできません。実際に元寇《げんこう》は失敗し、豊臣秀吉《とよとみひでよし》の朝鮮出兵も疲弊が目立ち、秀吉の死去とともに終わっています。物や人、あるいは文化を運ぶことはできても、占領されたり、占領したりするには遠すぎるのです。

より広い世界史的な動きでも、話は同様です。前にも述べたとおり、ポルトガルやスペイン、あるいはイギリスやオランダも、どうにか日本にアクセスすることはできたとしても、軍を送ったり、大量の貿易で市場を占有したりするには距離が遠すぎて、メリットを得にくかったわけです。

こうした地理的な距離感、隔絶感も、日本が元来持っている地政学的な強みを近代につなげる大きな背景になったと思うのです。

なぜキリスト教を排除できたのか

近代以前の隔絶された日本にも、例外というか、ピンチがあったこともまた事実です。その最大のケースは、キリスト教の伝来とイエズス会による布教活動です。

宗教活動は、軍事侵攻や交易と違い、少人数の人さえ送ることができれば可能です。すでに高い航海技術を得ていた西欧諸国にとっては、いきなり軍隊を送ったり大規模な貿易をしたりするよりはハードルが低くなります。

中世の当時、ヨーロッパではまだ政教分離は行われておらず、行政も外交も宗教も同じ線上に存在していました。私はキリスト教の一宗派であるモルモン教会に幼い頃から所属していますが、そこで学んだ宗教用語と、後に法科大学院で学んだ法律用語とは、かなり語彙が共通していました。

この話をすると驚く人が多いのですが、欧米ではキリスト教の「教え」や「戒律」が、やがて社会生活を送る上での「規則」や「決まり」となり、政教分離を経た現代になって「法律」へと姿を変えたのです。だから宗教用語と法律用語の語彙が共通するのは当然なのです。そして政教分離前の中世の有力国家にとって、植民地を増やすことと、現地にキリスト教徒を増加させることは、ほぼイコールの関係です。つまり、植民地化のために宣教師を送り込んでキリスト教の布教を利用することは、戦略的だったというより、むしろそれが方法として当たり前だったということです。

当時の日本は「大ピンチ」だったと思います。実際にキリスト教は思わぬ広がりを見せ始め、大名にも帰依する者が現れて、やがて国の形を変えてしまう可能性があったわけです。クリスチャンになれば、ここまで述べてきたような「誰もが天皇の臣民として平等」という日本を安定化させる基本システムから、特定の地域が丸ごと離脱してしまう可能性があるからです。

当時の日本の為政者は、この危機によく気づいたと思うのです。ここで踏みとどまっていなければ、おそらく平和な江戸時代はなく、国内に深刻な宗教対立を抱えていたでしょう。相当難しい情勢の下で、どこかの国の黒船を迎えることになったはずだからです。

端緒となったのは豊臣秀吉です。秀吉が仕えた織田信長は、西洋のもたらす新しい文物への関心と、自分を悩ませていた在来の日本の宗教勢力への対抗心から、キリスト教の布教を受け入れつつありました。それに対し、秀吉は、数十万とも言われる日本人が海外に奴隷のように売られていったという情報、そして布教の過程で既存の日本の宗教や文化に対して、キリスト教勢力が破壊的な行動を取っている現状を見逃しませんでした。

鎖国を選び宗教色を薄めた江戸時代

江戸幕府は、これらの流れを踏まえて、非常に冷静で実用的な判断ができました。積極的に布教をしたがるカトリックのポルトガルやスペインの代わりに、すでに宗教改革を経ていて、スペインとの争いから日本に宗教色を持ち込もうとしなかった、プロテスタントのオランダと手を結ぶことを選択したのです。

鎖国をしながらも、西欧の情報や事物をたくみに取り込み、キリスト教の布教を取り締まると同時に、寺社も含めて国内既存の宗教勢力もコントロールできました。このことが、宗教的対立を沈静化させて江戸時代を安定的に長続きさせ、結果として近代化をスムーズに受容して推進できる下地作りにもなったわけです。

私はひとりのキリスト教徒として、しかも宣教師経験者として、当時の宣教師や、日本のキリスト教徒が直面した受難の歴史には、もちろん同情する部分があります。一方で、歴史を観察し、日本の謎を解こうとするなら、隔絶された日本に奥深くまで入り込んだ、建国以来最大と言っていい日本の危機を、当時の為政者たちがうまくコントロールしたことは素晴らしいと思います。また、この時代にキリスト教を排斥したことが、近代以降の日本のあり方に大きな影響と恩恵をもたらしたことについては、歴史的な意味において「先見の明」があったと認めるしかないのです。

鎖国は、中世の日本を形作った重要な政策でした。ただ、それが成立し得たのは、為政者としての江戸幕府の意志だけでなく、やはり地理的条件も大きかったと思います。いくら江戸幕府が鎖国するといっても、外国から江戸幕府より強力な武力で開国を迫られれば、鎖国を保つことなど不可能だからです。

西欧人が見た鎖国中の日本の強み

世界で日本が存在する地域は、英語で「ファー・イースト」（Ｆａｒ Ｅａｓｔ）、つまり極東《きょくとう》と呼ばれています。ご覧になった方ならおわかりでしょうが、海外で使われる世界地図では、日本はまさに東（右）の端に位置しています。

欧米の人間の目には、日本はいかにも謎の国だと映ったことでしょう。

ところで、私が２００１年に「水戸黄門」にゲスト出演したときに演じたケンペルという医師兼学者は、実はオランダ人ではなくて、ドイツ人です。この人物は、ヨーロッパ人として初めて日本の植物、特に薬草について研究し、その情報を体系的に収録した書物を著した人物として、ヨーロッパでも有名です。

後年のシーボルトに代表されるように、当時日本と唯一交易があったオランダは、実はさまざまな国の人間を、オランダ人だということにして日本に入国させています。

こうした外国人たちが見た日本の姿は、なぜ日本だけが近代化を成し遂げられたのかを考える上で重要なヒントを示唆しています。

少なくとも、江戸時代について左翼がプロパガンダをまき散らしてきた「身分社会で何もできなかった時代」とか、「飢饉が頻繁に起こる過酷な時代」というイメージからはほど遠く、貧乏な庶民も案外ハッピーな時代だったと考えられます。

私が演じたケンペルは「日本誌」という書物を残しています。ここには植物だけでなく、政治体制や人々の姿まで、見聞きした話を広く記しています。さらに時代が進み、スウェーデンの医師・植物学者のツュンベリー（ツンベルグ）、ドイツ人のシーボルト、そして開国直後のペリーやハリス、アーネスト・サトウなどの著作を眺めてみると、江戸時代は非常に長かったにもかかわらず、彼らが日本に来て驚いた点には、いくつかの共通点を見いだすことができます。

・欧米に劣らない、あるいはそれ以上に法の秩序、公正さを重んじる国民性
・庶民に至るまでの礼儀正しさ、マナーの良さ、モラルの高さ
・治安のよさ、素朴・質素のなかの清潔さ
・学校の普及、識字率など教育の程度の高さ、知性への尊敬心
・人々の好奇心の高さと学習意欲の旺盛さ
・整備された交通網
・豊かではないが目立った貧困層もない
・発展した都市経済、行き届いた農地開発
・一夫一婦制、女性の自由度の高さ

もちろん、文化の違いから、びっくりするような事柄もたくさんあるわけです。大勢の人が裸になって一緒に風呂に入る、というのはその典型だったようです。しかし、おおむね江戸時代の日本を見た外国人は、何もわざわざ日本のことを褒める義理や必要性がなかったにもかかわらず、誰もが好意的だったのです。

特に私が注目すべきだと思うのは、こうした当時の外国人は、多くの場合他のアジア諸国についても実体験を有していて、そこと比較した上で日本を賞賛している点です。現在のように直行便の飛行機で日本に来ることはできませんから、長い船旅でインドなど南アジア、さらに東南アジア、そして中国を経由してやってくるわけです。それらの国で長く過ごした後で日本を訪れるようなケースもあります。

すると、女性が奴隷のように扱われて、町に出ることも許されずにいること。人々は約束を簡単に破り、商売人は事情を知らない西洋人をすぐにだまそうとすること。今日の食べ物にも困っている貧困層の多さ、そして不潔で悪臭の漂う都市、といった他のアジア諸国での体験を想像して、身構えて日本にやってくるわけです。

しかし、同じアジアでも、日本だけは違ったのです。地図の東の果てには、見た目は西洋とまったく違っても、まるでヨーロッパのような規律と秩序が、あるいはそれ以上の社会が存在していることに、彼らは一様に驚くわけです。

江戸時代の末期には、日本国内の金鉱脈はほとんど掘り尽されていたと思いますが、14世紀の初頭にマルコ・ポーロが「東方見聞録」で記し、「大航海時代」の西洋人が上陸を夢見て果たせなかったという、幻の黄金の国「ジパング」は、それから数百年の時を経ても、西洋人にとっては違う意味で、眩いばかりに輝く国だったのです。

江戸時代の庶民教育と識字率

長崎・出島のオランダ商館に、オランダ人という名目でやってきた西洋人たちは、最盛期は年に一度の割合で江戸に出向き、将軍謁見をはじめ幕府の幹部に面会し、プレゼントを贈って交流していました。ということは、彼らは長崎から大坂・京都などを経て江戸へいくチャンスに恵まれていたということです。片道の行程には、およそ1か月を要したといいます。

そこで彼らが見聞きした日本各地のごく普通の光景やエピソードのなかで、明治維新を支えたと思える最たる要素は、識字率と教育の程度の高さ、もっとシンプルにいうと、一般庶民に対する教育の普及度合いだと思います。

ツュンベリーによれば、旅先で出会う日本人はとにかく好奇心が旺盛で、疲れているのにいつまでも質問攻めを止めてくれないため困ったという記述があり、私も経験上少なからず共感しました。しかし、こうした知的好奇心が、食らいついてでも未知の技術や考え方を取り入れようとする意欲が、後の日本の近代化に役立ったことは間違いないでしょう。幕末のイギリス公使オールコックは、日本の国民がアジア最高の位置にいるだけではなく、西洋の知識と技術を学べば、西欧と競争できると述べています。その素質は、少なくとも彼がそう感じた100年以上も前からあったわけです。

また、中国やインドに長く滞在した後、開国後の日本にやってきたイギリスの植物学者ロバート・フォーチュンは、長いアジアでの経験を元に日本人の特質を書き残しています。それは、有用とあらば、自国の文化にとらわれずすぐにまね、採用する日本人の柔軟な気性でした。一方でシナでは、古い習慣があらゆる外国品輸入の防壁になったとも言っています。

そういった国民性が日本と中国の運命を分けたことは間違いないでしょう。

幕末に日本と関わった西欧人の代表としては、ペリーの所感が大変参考になります。

彼は、日本が将来の機械工業における強力なライバルになるだろうと予言しています。来日した当初は、脅せばどうにでもなると考えていたのに、短期間観察しただけで日本を評価し始めていたのです。ここで考えたいのは、なぜ近世の日本ではそのような状況の実現が可能だったのかということです。

江戸後期になると、半数以上の日本人が読み書きをできたという説が有力ですが、同時期の欧米では、せいぜい2割程度ではないでしょうか。それも、あくまで階級社会の上位に位置している層だけの話であって、庶民の識字率は極めて低いのです。

しかし日本では、江戸時代中期ごろから都市を中心に寺子屋が当たり前に存在していて、支配階級だけでなく、一般庶民までが「読み書きそろばん」を市井の先生から学び、知識や教養を得ることを当然としていたわけです。

そんなことを考えていたら、日本で江戸時代を描いたドラマでは、人々が瓦版《かわらばん》を読んだり、貸本屋で本を借りてきたり、高札《こうさつ》を読んだりして情報を得ているシーンが当たり前に描かれているのに対して、アメリカでは、同じような場面では「タウン・クライヤー」というおじさんが登場することを思い出しました。

クライヤーとは、つまり「叫ぶ人」です。庶民の識字率が低く、ラジオ放送もまだない時代、ニュースや知らせを広げるには、生身の人間が直接大声に出して町中で知らせて回ることが必要だったわけです。

しかし日本では、瓦版、浮世絵、書物などで事が足ります。つまり娯楽から学問に至るまで、こうした知的な営みが、すべて庶民の手の中にあったのです。

庶民が学べるのは、平和で平等だからだ

日本人の多くは、こうした事実を自らの民族の優秀さとして誇ります。当然それもありますが、私は少し違う角度から評価をしたいと思います。ポイントは二つあります。

まずは、当時の西欧人が能力的に日本人よりも劣っていたというのはおそらく不正確な理解です。当時の一般的な西欧の為政者たちは、もし庶民にまで十分な教育を施せば、やがて自分たちに反抗してくるのではないかと警戒していました。

文字を介した教養や文化の伝達は、限られた支配層や聖職者の中だけで独占的、特権的に行われるべき営みであって、庶民に開放するのは危険だと考えていたわけです。どの程度の知識や能力を下々にも与えるかは、あくまで上が決めることだったのです。

しかし、日本の為政者はその点に無頓着だったのか、よほど自分たちの体制維持に自

愛読者カード

このハガキにご記入頂きました個人情報は、今後の新刊企画・読者サービスの参考、ならびに弊社からの各種ご案内に利用させて頂きます。

●本書の書名

●お買い求めの動機をお聞かせください。
1. 著者が好きだから　2. タイトルに惹かれて　3. 内容がおもしろそうだから
4. 装丁がよかったから　5. 友人、知人にすすめられて　6. 小社HP
7. 新聞広告（朝、読、毎、日経、産経、他）　8. WEBで（サイト名
9. 書評やTVで見て（　　　　　　　　）　10. その他（

●本書について率直なご意見、ご感想をお聞かせください。

●定期的にご覧になっているTV番組・雑誌もしくはWEBサイトをお聞かせください
（

●月何冊くらい本を読みますか。
（　　　　　冊）

●本書をお求めになった書店名をお聞かせください
（

●最近読んでおもしろかった本は何ですか。
（

●お好きな作家をお聞かせください。
（

●今後お読みになりたい著者、テーマなどをお聞かせください。

ご記入ありがとうございました。著者イベント等、小社刊行書籍の情報を書籍編集部HP（www.kkbooks.jp）にのせております。ぜひご覧ください。

郵　便　は　が　き

お手数ですが
62円分切手を
お貼りください

170-8457

東京都豊島区南大塚
2-29-7
KKベストセラーズ
書籍編集部行

ところ　〒

メール　@　TEL　(　　)

フリガナ)
なまえ

年齢　歳
性別　男・女

ご職業
会社員
公務員
教　職 (小、中、高、大、その他)
無　職 (主婦、家事、その他)
学生 (小、中、高、大、その他)
自営
パート・アルバイト
その他 (　　)

信があったのか、あるいは、庶民にまで教育を普及させる方が全体として国力の強化につながると考えていたか、それとも「学問の自由」を制限することなど誰も考えたこともなかったのかのいずれかでしょう。もちろん、藩校の中にある図書館に農民が入ることは難しかったと思いますが、知識を得ようとする意欲と権利に関して、日本では身分による差が非常に少なかったのです。

もうひとつは、当時の日本が、庶民も学びを得ることができるほど「平和」だったという点です。

戦乱が起きている時代では読み書きすら学べませんし、体制が次々と変われば教育制度は安定しません。そして何より、庶民が単なる搾取の対象ではなく、その暮らしがある程度よいものだったことの証明です。貴重な労働力でもある子どもたちに「読み書きそろばん」を学ばせるだけの時間的、経済的余裕がなければ、教育は普及しません。逆から見れば、当時の日本はすでに、子どもに過酷な労働よりも教育を施した方が、トータルでは家族と地域社会が得をする程度には成熟した社会だったという言い方もできるでしょう。

身分差なく教育を受けることはできても、身分差を超えて武士になることはさすがに難しかったと思われます。それでも実質的には商人が世の中の経済を支配し、農家から丁稚奉公に出された少年が出世する仕組みはあったのですから、全体として優れた才能を引き上げる仕組みは存在していたわけです。

すでに述べたとおり、先見性の高かった藩は、あまり身分にこだわらず、優秀な子どもによい教育を施したほうが藩のためになると考えていました。そして明治維新後は義務教育が整備され、身分によって学べるかどうかの差は一気に縮小していきます。ただその時点で、すでに多くの階層の人々に学びの素地が普及していたからこそ、明治維新後の近代教育制度の導入が、瞬く間に日本の国力の成長に結びついたのです。

日本は鎖国をしていながら、当時世界一学習能力の高い、機会さえあれば誰もが速やかに学習することのできる社会だったのです。

江戸時代の驚くべき交通網整備

教育と同様に私が驚くのは、すでに当時の日本には、いわゆる「五街道」を中心に、よく整備されたハイウェーと宿泊施設が存在していて、誰もが安全かつ快適に旅をできたという点です。

オランダ商館の一行も街道をつたって江戸を往復していたわけですが、ツュンベリーの記述には、舗装や側溝など道路の整備状況のほかに、宿屋の職員の礼儀正しさや、街道を行き交う人々の交通マナーのよさにも言及しています。この記述が間違いないのであれば、江戸時代の日本はすでに左側通行が徹底されていて、互いにぶつかる失礼を働くことはなかったそうです。

こうした交通網の整備が進んだ理由には、大名による参勤交代が制度化され、各大名が全国の街道の経済を潤したことが大きく影響を与えています。

参勤交代をなぜ制度化したのでしょうか。その理由は第一義的には、幕府が大名から人質（正室と嗣子を江戸に義務的に住まわせる）を取った上で、定期的に領地と江戸を往復させ、わざと財政に負担をかけて幕府に刃向かえないようにしたと解されています。ただし、参勤交代をもう一歩高い位置から眺めてみると、これは各大名から街道筋の人々への富の移転であり、さらには経済格差の解消手段という見方ができます。

また各大名は、家の格と財力を、大名行列の豪華さという目に見える形で、人々から「鑑賞」あるいは「批評」されます。威厳や見栄を保つためには、ある程度無理をしながら、つまり経費を使いながら豪華な行列を仕立てる必要があります。

幕府がそこまで考えていたかどうかはわかりませんが、これが、国内経済を拡大する政策として有効に機能したことは間違いありません。

参勤交代があるおかげで、各街道や宿場には定期的に優良顧客の一団がやってきます。道路網も設備も整備され、しかもよくメンテナンスされます。ということは、その周辺の町や村には、農業以外の仕事が生まれて、大金持ちの大名からお金が流れ、結果として社会を平等に近づけるわけです。ツュンベリーが驚いた背景には、こうした理由もあったと思います。

交通網の整備はいくつかの副産物も生み出しました。各地から大名とそれに付随するサムライたちが、全国を旅しながら江戸を往復するのですから、江戸をはじめとする大都市には、各地の情報、物産、文化が集積します。やがてその中から耳寄りな情報や優れた商材が、江戸を経由して全国に伝わっていきます。

また、領地替えの際に、前の領地から多数の地元の家来を引き連れて移動することで、文化のシャッフルが行われます。これが、日本という国において、各地のバラエティ豊かな特徴を保ちながら、情報が全国に行き渡って、やがて旅行の需要を生むわけです。

江戸時代後半には多数の旅行者向けの出版物やガイド本が売られ（これもまた庶民教

育の成果ですが）、江戸からであれば近郊の宿場や景勝地、さらに一生に一度はお伊勢《いせ》参りといったように、庶民のなかにも旅行を楽しむ層がいました。彼らもまた、参勤交代によって整備された交通網の恩恵にあずかれたわけです。

そのなかでも「おかげ犬」の話を聞いたときには本当に驚きました。高齢や病気でおかげ参り（お伊勢参り）に行けない人が、自分の代わりに飼い犬を伊勢神宮まで旅させたというのです。主人は犬の首にしめ縄を付け、そこにお金や飼い主の情報などを入れた袋をぶら下げて、犬を送り出します。すると、おかげ犬を街道で見かけた人たちは、みな親切に世話をしながら一緒にお伊勢様を目指したのです。どこかの治安が悪い国なら、犬からお金を盗んだうえで殺して食べてしまうかもしれません。徹底的な身分社会だった当時のヨーロッパでも、おかげ犬の無事な旅どころか庶民の旅行すら考えられない光景でしょう。

ましてアメリカでは、いまだ多くの地域が開拓中の原野で、道そのものが存在しない時代です。他方、すでに日本は、全国の隅々まで交流できる状況にあったわけです。

私は最近、四国の高松《たかまつ》に何度か行く機会がありました。高松空港は市の中心から少し離れているのですが、市内に向かう道は美しく刈り込まれた長い並木道が続いていました。考えてみると、現在の日本にはどの地方にも素晴らしい並木道を見つけることができます。

しかし、江戸時代の末期の写真を見て驚かされました。東海道のある場所を写した写真には、今と大して変わらない美しい並木道がすでに整備されていたのです。日本の交通網整備は、昔からよく行き届いていたのです。

江戸時代の日本はすでに成熟のピークだった

19世紀初頭の江戸の人口は、少なくともすでに100万人を超え、同時期における世界のどの都市よりも多くの人口を抱えていたとされています。そして、浮世絵の鮮やかな描写を見れば、商店が多数建ち並び、様々なビジネスが活発に行われていた様子をうかがい知ることができます。町人は町の文化の主役を担っていて、体面上遊ぶことを許されないサムライを尻目に歌舞伎や落語などの演芸を楽しみ、外食も楽しんでいました。

江戸時代の日本は、鎖国をやめるまで産業革命の影響を受けませんでしたが、私は、産業革命によるイノベーションと、自由な貿易がないことを前提とした場合の日本社会・日本経済は、幕末を迎えるまでの時点で、ほぼ成熟のピークに達していたのではないかと考えています。

一方で、江戸時代には何度か深刻な飢饉がありました。江戸後半では、1780年代の天明《てんめい》の大飢饉で100万人弱が餓死したとされます。そして開国の約20年前に当たる1830年代には天保《てんぽう》の大飢饉と疫病の流行で再び多数の死者を出し、一揆が多発して幕府の権威が弱まります。こうした事象を取り上げて、江戸時代の全てを否定的に評価する人は少なくありません。まるで子どもの悪いところだけ見つけて叱るダメ親のようです。

その後に黒船がやってきて、ただでさえ揺らいでいた幕府が一気に揺れ動くというのが、江戸末期の一般的な歴史的解説の流れなのでしょうが、私が指摘しておきたいのは、この章でここまで紹介してきた内容や、都市の華やかさ、平和な世の中を念頭に置いた上で、なぜ江戸時代の人口はほぼ3000万人で頭打ちだったのかという点です。

現在は1億2700万人強である日本の人口ですが、18世紀に入ってから明治維新までは、およそ4分の1の水準である3000万人強でほぼ頭打ちでした。先ほどの飢饉で100万人が亡くなったという歴史を思い出すと、それがどれだけシビアな時代だったかが偲ばれますが、見方を変えれば、むしろ当時の日本が持っているリソースでは、

日本の人口推移

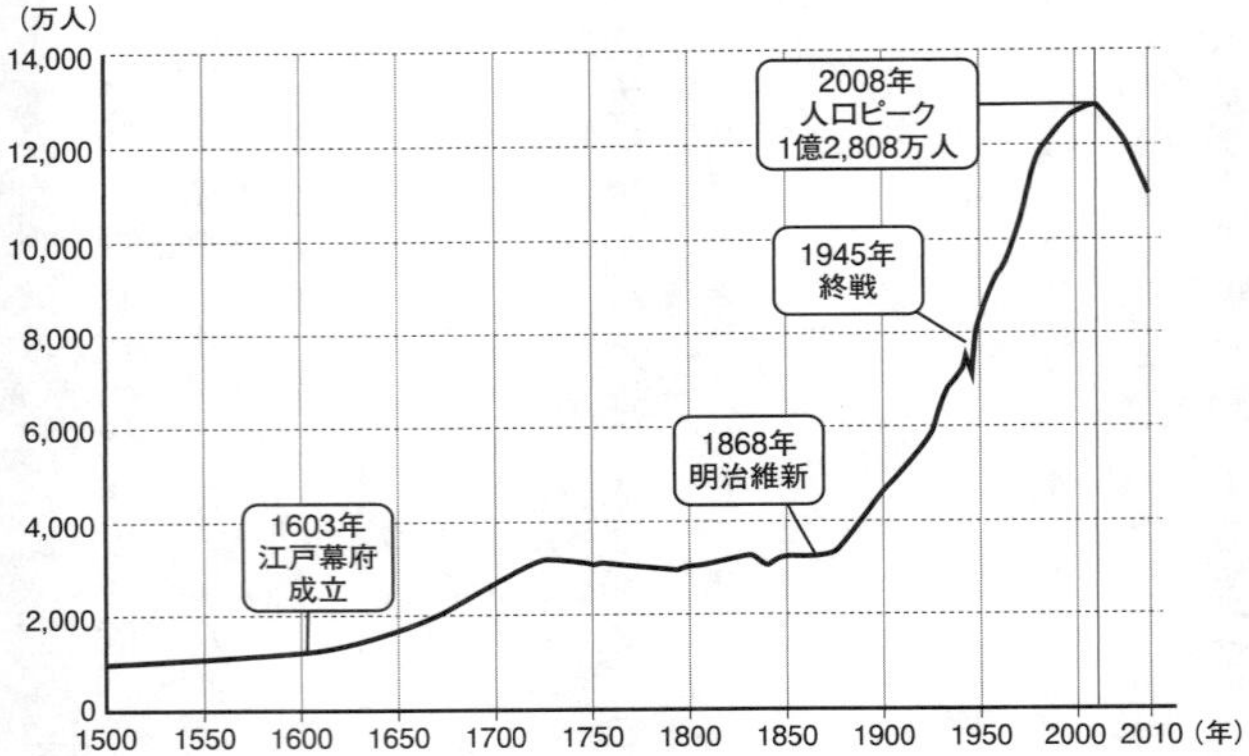

参考資料：1920年以前、鬼頭宏「人口から読む日本の歴史」
1920年〜2010年、総務省統計局「国勢調査」、「人口推計」より

おおむね3000万人程度の人口が国力の限界だったと言えるでしょう。

鎖国をしている以上、ほぼすべての物とサービスを国内で賄わなければなりません。そして、少なくとも餓死しないためには、それだけの食糧が必要になることはいうまでもありません。となると、江戸時代の日本で、土地の広さと農業技術や食料加工などのテクノロジーを最大限生かしきった結果支えられるのが約3000万人なのです。自然災害などでバランスが崩れてしまうと、とたんに余裕がなくなり、大勢が亡くなってしまうのです。

この説は、やはり江戸時代を見てきた

外国人の記録に根拠を見いだせます。日本の街道はよく整備されていたものの、馬をあまり見なかったというのです。馬はいわば「高級車」であって、庶民はもちろん、それどころかサムライでも位の高くない者は徒歩で旅をしました。これはつまり、農業生産物をほぼすべて人の食糧のために割いていて、馬が飼育できないことを示していると思います。

もうひとつの根拠は、外国人たちの目に映る日本の田園風景です。荒れ地がなく、非常によく手が入っていて、およそ可能なところはすべて耕作されていたようです。利用できそうなところはすべて田畑だったわけです。

ここから、明治維新に与えた影響を、二つ見いだすことができます。まず、日本人は当時のリソースを使い果たせる程度の能力と勤勉さを持っていた。そのため、産業革命のテクノロジーとイノベーションが輸入され、開国と貿易によって国際分業制の役割が日本国内にもたらされると、途端に日本の人口は急増し始めるのです。明治維新から終戦までに、日本本土だけでも人口は倍増しています。

もうひとつ、すでに頭打ちだった限りあるリソースを分け合うため、それまで以上に集団主義や、助け合いの精神が強くなったことが想像されます。この二つのポイントが重なることで、明治以降の日本の成長をより加速させたその背景には、自然災害を避けられない日本の特徴が作用しているとも考えられます。攘夷をしていた時期の薩摩藩士に殺害されたオランダ出身のアメリカ総領事館通訳ヒュースケンは、来日した当初の見聞として、下田を襲った台風の後始末をする日本の人々について、泣き声ひとつ出さず、損害の修復に努めていたと語っています。東日本大震災を思い出しますが、こうした悲惨な事実を受け入れる冷静さと、集団での助け合いが大きな力を発揮する国民性は、すでに江戸時代から存在していたわけです。

なぜ中国・韓国には「明治維新」ができなかったのか

さて、こうして見ていくと、なぜアジアで、というよりも、非西欧世界で日本だけが近代化を成功させることができたのか。そして文化的な背景はかなりの部分で共通しているはずの中国や韓国には、それが不可能だったのかが徐々に見えてきます。

原因はさまざまに考えられますし、日本が持っている極東の島国という地政学的な有利さなどは、さすがに天与のものですから他国にはどうしようもありません。日本人は日本という土地に生まれたことを感謝するべきでしょう。

そして、それらの条件も含めたうえで受け継がれてきた各国の「国民性」、あるいは多民族国家の中国には不適当かもしれませんが、通俗的な意味での「民族性」のようなものに大きな違いが生じている事実に注目してみたいと思います。

今では韓国が科学技術的にはほぼ先進国化し、中国も共産党と資本主義の奇妙な接合社会を組み立てて経済発展を進めている中で、今もあまり変わっていない日本との違いが、大きく分ければ以下の二つの点に見いだせるのではないかと考えています。

まずは、国としての統一感があるか否かです。日本には「オールジャパン」が常に存在していて、何かが起これば強力な集団的力を発揮しますが、中国と韓国にはあまり見受けられません。

同様に、階層や職能ごとに分けられた人々が、互いを信頼できているか否かという点がまったく違います。歴史をさかのぼればさかのぼるほど、人は生まれながらの条件によってある程度運命が決まっていました。今でもその名残はあります。そうした中で、違うグループに属していても、相互の交流をあまりいとわない社会は、各人が能力を発揮しやすく、そうでない社会は相互不信からポテンシャルを引き出しにくいのです。

「オールチャイナ」「オールコリア」が難しい理由

中国も韓国も、めまぐるしく王朝が変わってきた国です。日本のような万世一系ではなく、国そのものの土台が何度も変わりながら歴史を刻んできたわけです。

これだけでも、日本と違って国がまとまりにくそうですが、中国に至っては、時代によって国を支配している民族も違いました。イギリスをはじめとする西欧諸国に侵攻され始めた19世紀は、清朝の時代でした。満洲の少数民族である女真族が多数派の漢民族を支配する構造になっていたわけです。

単に中国という視点で捉えれば、アヘン戦争は、イギリスが侵攻してきた戦争に見えますが、清朝を好ましく思っていなかった漢民族にとっては、ある意味チャンスでもあったわけです。イギリスをうまく利用することで清朝を打倒しようと考える人にとっては、一時的に中国の領土が侵略されてもかまわないということになってしまいます。そしてアヘン戦争で清朝が弱体化した後は、漢民族の復興を目的とした太平天国の乱が起きます。とても「オールチャイナ」どころではありません。

同時に、清朝も中国の国家や国民を守るというよりは、あくまで清朝自身を守ることに徹していたとしか思えません。西太后の振る舞いなど、基本的には国や国民の行く末よりも、自分たちの保身や権力闘争が先に来てしまい、およそ一貫性がありません。結局そこを見抜いた外国勢力に利用されてしまうのです。幕末の日本人が、争いはしながらも、それぞれが日本の行く末を案じて行動していたのとは大きな違いです。それだけ異なる民族の間で国を運営することは難しいということかもしれません。わがアメリカ合衆国も、近年はその傾向が急速に強まっていると感じます。

朝鮮半島で近代化の入り口に直面した李氏朝鮮《りしちょうせん》の末期も、よく似た状況でした。清の属国だった李氏朝鮮は、進出してくる外国勢力への反発と、腐敗した王朝と両班《ヤンパン》（上流階級、高級官僚層）への不満から、貧しい人々が蜂起し混乱しました（東学党の乱）。最悪なことにこれを解決するために清の軍隊を引き入れてしまいます。注目したいのは、すでに避けて通れない近代化と西欧化の流れに背を向けて、変化を主導した人々を弾圧しつつ、結局外国を巻き込んだ権力闘争に終始したことです。

混乱する朝鮮半島の統治をめぐって、最初は清と日本が戦争を行い（日清戦争）、その後は、日本とロシアが争い（日露戦争）、結果的に二つの戦争を征した日本が朝鮮を併合することになります。しかし、朝鮮が19世紀のうちに自ら近代化の戦争に勝利する道を進んでいれば、そもそもこうした事態にはならなかったはずです。

中国や韓国が、儒教の教えの優れた面を、国を運営するために採り入れていれば、こうした歴史を防ぐことだってできたはずです。道徳や倫理として「仁・義・礼・智・信」を説く儒教を、国全体、民全体、権力者と民衆をひとまとめにした状態で実践すべきでした。もしかしたら両国にも近代化に対応できる素地が備わり、急速に近代化できるポテンシャルが育ったかもしれません。しかし、中韓の人々は儒教の教えを「自分と自分の属するグループ」の中だけで適用しました。グループの威光、栄光、繁栄のためだけに滅私奉公が行われ、自分だけの祖先を敬い、自分だけの家族や仲間を愛し、外部はむしろ冒瀆、殲滅する形へと儒教の教えが変質し、硬化してしまったのです。

文武両道の日本、文を尊び武をさげすむ中韓

日本では伝統的に文武の両方に通じることがよいとされています。江戸時代、サムライはすでに官僚化していましたが、それでも武芸に通じていることは尊敬の対象であり、幕末以降はその傾向がはっきりとしてきます。何よりも、江戸時代は将軍を頂点とした武家政権だったわけです。

一方で、中韓における上流階級、支配階級は、伝統的に文ばかりを重んじ、武を一段格下のものと位置づけました。これは、事務職のような官僚を尊ぶということとも異なり、学者的な、仕事をしないことこそがもっとも高貴で、高級な生き方であったということです。学がある人間が、仕事や武道に手を出してはいけなかったといいます。

こうした考え方が招くのは、強い相互不信の社会です。

韓国で明治維新のような近代化ができなかった理由は、ある意味非常にわかりやすいのです。両班（本来は「文」と「武」の両方を合わせた意だったそうですが）は、一方的にその他の人々から収奪する立場であって、支配される側の暮らしがどんなに苦しくても無関心です。儒教思想をいじくり回すだけで、実学を学ぶこともなければ仕事をすることもなく、高い税をかけて大衆に寄生するだけだったのです。支配される側の庶民も、両班を表面上では敬いながら、内心は恨みを蓄積させていくのです。彼らがよい政治をしてくれることなど、期待すらしていないのです。このような不遇な時代に培われた「恨《ハン》」の思想は、現代でも韓国・北朝鮮の国民性として根強く残っています。

こうした状況で、日本をはじめとする外国が朝鮮半島にやってきたらどうなるでしょうか。国内の人々が相互に信頼していないのですから、外国に支配されないよう力を合わせて近代化を目指すのではなく、少しでも他の勢力を追い落として自分たちが有利になるように、外国勢力を巻き込みながら互いに争い始めるのです。

今も残る相互不信

最近、興味深いニュースを耳にしました。平昌《ピョンチャン》冬季オリンピックで賑わっていた当時の韓国で、飲食店における「ノーショー」が問題になっているというのです。

「ノーショー」とは本来飛行機やホテルなどで、予約しているにもかかわらず現れないゲストのことを指す業界用語です。とはいえ、一般に、飛行機やホテルの場合、すでに代金の支払いを受け取っているか、そうでなければある時間までで予約を無効にできるので、手間はかかるものの、決定的に被害が大きくなるわけではありません。

ところが、飲食店の「ノーショー」は事情が異なります。50人入るお店で、役所や大企業の団体が50人貸し切りの予約を入れてくれたので、他の客を断り50人分の料理と酒を用意して待っていた。ところがお客は何の連絡もなく現れず、その損失を飲食店側がまるごとかぶってしまうのだそうです。違約金も取れません。

そして、同じようなことは、他のあちこちで起きているといいます。2~3人のレベルの予約であっても、都合が悪くなったからわざわざ電話で断りを入れてくる客はむしろまれで、大概はそのまま放置してしまうそうです。

このニュースを見て、韓国には今も相互不信が根強く残っていると痛感しました。根底にあるのは、ちょうど両班と被支配層の関係のように、客と店、あるいは公務員や大企業の職員と零細の飲食業者では、お互い信じていないし、それを当然だと思っていることです。「自分たち客の方が格上なのだからわざわざ相手に気を使うことはない」ということです。店の人も、客から気を使われないのは仕方がないと思いながら、やり場のない不満を心の内に日々積み上げていくわけです。

これがいわゆる「恨」という意識なのでしょう。成し遂げられない悔しさ、成し遂げられる人への羨望と嫉妬、機会をつかんで必ず見返してやるという渇望を、顔には出さずに日々抱えて生きているというのです。アメリカ人である私には理解が難しいのですが。おそらく大多数の日本人にも想像を超えた世界でしょう。朴槿恵《パククネ》前大統領がまさにそれでしたが、昨日まで応援していたはずの人物でも、立場が変われば途端に攻撃し始めます。下手に庇うと自分も攻撃されるからです。こうして相互不信社会はますます加速します。

政権が交代するたびに現政権が旧政権を攻撃する韓国ですが、そのパターンは、旧来の保守系と、労組などを支持基盤とする革新（進歩）系の争いの縮図です。お互いに信頼していないからこそ、自分が有利な立場にいるときは相手を徹底的に攻撃します。そこには正義も仁義もありません。そして、韓国の経済成長を牽引してきた財閥も、今また同じ状況にあります。財閥の創業者一族は従業員を当然のようにパワハラで悩ませ、財閥企業の職を得た社員はそうではない人をさげすんでいます。リストラされた人への視線は冷たいものがあります。他人に同情する心の余裕などありません。

一方、違うパターンを歩いているのが中国です。この国は中共がすべてを掌握してしまったため、中共の権力闘争や、党員と非党員の間の争いが、大きく表面化することはありません。新聞やテレビは中共に不都合な情報など流しませんから。

しかし、それはあくまで力で押さえつけているだけなので、相互不信は根強く残っています。インターネット上には中共に対する不満が渦巻き、当局はあの手この手で取り締まります。子どもの頃から「だまされる方が悪い」と教えられて育つ中国人は、基本的に家族と親戚を除いてお互いをまったく信頼していません。

いかがでしょうか。日本人に自然に備わっている相互信頼が、実は日本という国にとって、非常に大きな財産なのです。

日本人は、基本的に約束を守ります。他人をおもんぱかり、相手に多少の不満があってもできるだけ口に出さず、仲良くすることを是とします。客と店、上司と部下といった立場の違いがあっても、目上の人が目下の人を気遣うことは尊い行為とされます。天皇皇后両陛下が被災地を慰問され、被災者にお言葉をかけられるお姿がその最たるものです。難しい言葉では「惻隠《そくいん》の情」を大切にしています。

しかし韓国では、「他人を負かすこと」を是とします。中国では、「だまされないこと」を是とします。悪いことをしても、そして内心悪いと思っていても、彼らは謝罪しません。謝ったが最後、負けを認めたことになり、とことんまで利用されてしまうからです。彼らはそのようなルールのサバイバル社会で長年生きているのです。そして、その文脈において、日本に謝罪しろと言い続けています。

アメリカでは「自分が正しいと思う道をまっすぐ歩むこと」、「周りに左右されないこと」をよしとしますから、日中韓のどことも異なりますが、アメリカ人にはまず自分だけが自分の身を守れるという大前提があります。誰もがその権利を等しく持つという理解を共有することで、互いに尊敬し合う関係が保たれています。自分さえよければいいというのとは明らかに異なり、お互いにフェアであることが大切なのです。

なぜ中韓は日本に嫉妬し続けるのか

結果として、アジアでは日本だけが近代国家となることができ、もともとあった周辺国との格差をさらに広げました。

21世紀になって経済格差は縮小し、広大な国土と人口を誇る中国のほうが経済規模は上回りましたが、日本だけが持つ国民性や、品格への憧れと、その裏返しとしての嫉妬や矮小化は相変わらずです。

彼らはいまだに、古代の日本が中韓に学んだことを引き合いに出して、野蛮な国だとか、格下の国だといいます。ネット上の書き込みだけではありません。内心では本気でそう思っているのです。一度格下というイメージを抱けば、一生格下なのです。

日本は遣唐使の中止以降、独自の路線を歩み、腐敗や私利私欲と縁のない天皇を起点とした相互信頼に基づいて、幅広い国民が能力を発揮しやすい平等を重んじる平和な社会を築き、いくつかの幸運も味方につけて開国後は見事に花開きました。

中韓は、その日本に侵略され、傷つけられたと今も主張しています。しかし滑稽なことに、中国はイギリスに対して同じことは言いませんし、韓国も朝鮮戦争で北朝鮮に加担して、韓国人を大量に殺害した中国に文句は言いません。いずれも、日本にだけ執拗に絡み続けます。

この根底にあるのは、かつて中韓から技術や文化を学び、儒教的意識のもとでは格下だったはずの日本に、近代化や経済発展で先を越され、その勢いで国土に手を入れられ、そしていまだに追いつけずにいるということに対するコンプレックスと逆恨みだと思うのです。

正直なところ、もし仮に日本が近代化に失敗していても、中国は結局西欧諸国に虫食いにされ、朝鮮はロシアに支配されていただけだと思います。また、たとえば韓国の中にも、日本統治時代は両班が排斥されたおかげで機会が平等だったとか、日本の政策のおかげで教育を受けられ、衛生環境がよくなって平均寿命が延び、人口も倍増したといった、冷静な評価ができる人もいないわけではありません。しかし、その意見が正しかろうと間違っていようと大半の韓国人には関係ありません。時には正しいからこそ攻撃されます。日本がしたことはすべてダメなのですから。

私は、こうした状況を見るたび、なるほど彼らに近代化は無理だっただろうと納得せざるを得ません。というよりも、果たして現在の韓国は本当に近代化を果たしたのか、大いに疑問なのです。

近代化の本質とは、感情論を排して、ファクトやデータに基づいて行動することにあります。その事実を彼らは理解していません。祖国の惨めすぎる歴史を感情的に受容できず、むしろ受容しようとした近代的な人たちを排斥したのですから、国家として劣化する一方です。

ましてや中韓とも、明治新政府のように1000年前の体制に戻せるような、連綿と続く国でもなかったのです。彼らの残念な歴史は、結局は彼ら自身の様々な悪癖の中から生まれたものなのです。

第3章　明治という時代、そして敗戦へ

なぜ日本人は「維新の後」を軽視するのか

私は、明治維新の本来の目的であった不平等条約の完全な解消（１９１１年の新しい日米通商航海条約締結による関税自主権の回復）をもって、日本はやっと明治維新を終えたのだと解釈しています。

１９１１年は明治44年に当たり、明治天皇は翌年に崩御されるのですから、いってみれば日本人は幕末の15年と明治のほぼすべての期間、およそ60年もの年月をかけて、維新の志士たちがいきり立って抵抗し、涙を飲んで耐えてきた不平等条約を、ようやく撤廃することができたわけです。

しかし、それにしては現在の日本人は明治維新の後、より正確に言うと箱館戦争より後の出来事について、関心が薄すぎるのではないでしょうか。最後の内戦である西南戦争や日清・日露戦争には注目しても、明治という時代を通じて、日本は何のために必死で西欧の技術を移入し、国民を教育し、強い経済と軍事力を育て、幾多の戦争を戦ってきたのか。それはまさに「不平等条約の解消のためだった」というのに、この重要な命題に関する、国民的な関心とコンセンサスが存在しなかったような印象があります。

試しに、韓国併合の翌年に何があったのか、あるいは尊皇攘夷運動の発火点となった不平等条約はいつなくなったのか、周りの、ちょっと歴史に詳しそうな人に質問してみてください。大抵は答えられないでしょう。

富国強兵政策を経て、不平等条約の解消と、日本が世界の主要国になる大きなきっかけとなった日露戦争は、戦費調達のおよそ四割が、ロンドンやニューヨーク、パリ、ハンブルクなどで発行された外貨建ての債券でした。つまり、戦争に負ければ国が破綻するわけで、まさに国運をかけた戦争でした。その債務を完済したのは1986年、つい30年ほど前のことです。そこまでして明治の人々が達成してきた「不平等条約の改正」という仕事の重要性を、なぜ今の日本人はあまり考えようとしないのでしょうか。

明治以降の日本はどう評価されているか

私は皆さんに、もう少し厳しいことを言わなければなりません。

明治が終わり大正になると、政党政治の実現を目指す、今日で言う「大正デモクラシー」が始まりました。この間、第一次世界大戦で連合国の一員となり、主戦場となったヨーロッパが疲弊したこともあって、日本の相対的な国力、ポジションは一段と増し、不平等条約を結ばされて涙を飲んでいた「途上国」から一転して、本物の一等国、大国となりました。

このころから後の日本を、アメリカの歴史教育ではどう教えているのか、再び教科書やインターネット上の教材で調べてみると、だいたい次のようにまとめられています。

・第一次世界大戦後、日本は恐慌に陥った。
・政党は腐敗し、議会の力は弱まり、軍部の発言力が強まった。
・財閥が強くなった。
・貿易問題に関して国際的な批判を浴びるようになった。
・中国への進出について他国と利害が衝突し批判を浴びるようになった。

日本人の視点では、あまりに単純化しすぎだろうと思われるかもしれませんが、シンプルかつポイントを押さえていると思うのです。

見るべきなのは、日本は奇跡的な近代化で明治維新を「完全に成就」させてからの10年間程度がピークであり、その後は反対に、国際的な立場をどんどん悪くしてしまったということです。

維新の志士たちが命をかけて扉を開いた明治という時代は、なぜ大正時代になってだめになってしまったのか。次第にその背景には、「なぜ明治維新に至ったのか」という所期の目的を達成したことで、その精神に対して無頓着になり、言葉を選ばずに述べれば、少し「いい気になって」しまった日本人にも、問題の一端があったと言わざるを得ません。せっかくの明治維新150年なのですから、この点にもぜひ注目していただきたいと思います。

第3章は、明治以降の出来事について、成功したことも失敗したことも含め、多くの日本人が何を見落としているのか、私の考えをまとめたいと思います。

なぜ武士は武士をやめられたのか

ところで、維新後の日本について、私が非常に不思議だったのは、なぜサムライたちは、サムライをやめられたのか、平民になれたのか、ということです。

今の価値観で考えれば身分の平等は当然だとしても、俸禄もなくなり、武士の誇りである刀は廃刀令で奪われ、新政府に採用された一部の人を除いては、自力で生きていくことを要求されたわけです。

そのひとつの結果が西南戦争であることはよく知られていますが、ここにも私は日本社会の平等さの一端を見ます。薩長主導で新政府を作り、後にそれは藩閥政治として批判されるのですが、一方でほんの少し前まで官軍として錦の御旗の下で働いていた薩摩の「元サムライ」たちの一部は、たとえ今度は自分たちが「賊軍」になろうとも戦わなければならないほどの不満を募らせていたわけです。つまり、えこひいきされていなかったのです。西郷隆盛は新政府内での意見対立から、おそらくは期せずして、この日本最後の「内戦」の首謀者になってしまいます。

そのうえで、政府軍に敗れた旧薩摩藩士たちを見て、元サムライたちの多くは、もはや武士の時代が終わったことを悟ります。

西南戦争は、立場こそ違えども、ともに戦って明治という時代への扉を開き、これからは天皇のもとで国を発展させるため、心をひとつにして働くはずだった元サムライたちの「同士討ち」であり、本当に悲劇的でした。しかし、肯定的に解釈すれば、武力闘争は国のためにならないことを再確認した場でもありました。後で述べる五箇条の御誓文にある「万機公論に決すべし」の精神が浸透し、戦いの舞台が、自由民権運動を経て、ゆっくりとではありますが、政治の主戦場が武力から言論の場へと移っていくことに貢献したと言えるでしょう。

明治憲法は「五箇条の御誓文」で十分だった

1868年、明治天皇は、「天地神明に誓う」という形態をとって「五箇条の御誓文」を発表します。五箇条の御誓文は英語で「チャーター・オース（Charter Oath）」と呼ばれているのですが、これは「（合意に基づいた上での）憲章の誓い」とでもいうべきニュアンスになります。

日本政府はその後、国内勢力から議会の開設要求が高まり、また不平等条約の改正には憲法制定が必要だと考えます。海外各国の事例を研究した結果、ドイツの憲法を参考にして大日本帝国憲法を制定します。ということは、少なくとも五箇条の御誓文を作った段階では、明治政府の中に憲法という概念が存在していなかったことを意味します。

しかし、私は法律家、そして英語を話す人間として、「チャーター・オース」という響きからは、それが多分に憲法的な性格を持っていると強く感じるのです。あくまでも結果論ではありますが、その後の歴史を考えると、欽定憲法であり、従って「究極の硬性憲法」だった明治憲法が存在したことで、日本は「失敗」したのです。「天皇大権」を高らかに規定する明治憲法の文言を真に受けたアメリカは、日本を「誤解」しました。その誤解に引きずられた多くの日本人が戦前の日本を誤解し、誤解に基づいて作成された現行の日本国憲法を力一杯守ろうとしていると思うのです。

まずは、五箇条の御誓文を読み返していただきたいと思います。読みやすくするため、ひらがなの表記に改めます。

一 広く会議を興し、万機公論《ばんきこうろん》に決すべし

一 上下心を一にして、さかんに経綸《けいりん》を行うべし

一 官武一途庶民にいたるまで、おのおのその志を遂げ、人心をして倦《う》まざらしめんことを要す

一 旧来の陋習《ろうしゅう》を破り、天地の公道に基づくべし

一 智識を世界に求め、大いに皇基《こうき》を振起《しんき》すべし

シンプルで、必要にして十分です。21世紀の現在でも多くの、というよりごく一部極

左的な思想の人を除けば、ほとんどすべての日本人が、この5つの原則に異議を唱える必要性を感じないのではないでしょうか。

この五箇条の御誓文は、本当によくできているのです。それまでの日本の歩んできた歴史を踏まえながら、明治維新という岐路に立ち、今後の日本をどうするのか、どうすべきなのか、普遍的な理想が込められています。

自分たちの国よりも優秀な、進んだ世界を知った当時の日本人。時代の変革に直面して争った15年間を踏まえつつ、決して諦めず、卑屈にならず、国民の力を引き出して、今後どんな国を作り、守っていけばいいのかを真剣に考えています。

もう少し暖かみのある言い方をするならば、「どうすればみんなが豊かで幸せになれるのか」、「そのためにこれからみんなで何を頑張ればいいのか」について、五箇条の御誓文には明確に書かれています。実に日本らしく平等を大切にしていて、好奇心に富んでいて、ポジティブで気分がよくなる文章です。

そして、当時も今も、世界のどんな国であろうと、この文章を読んで不快な気分になる人はいないでしょう。嫉妬を覚える人を除けば。

この御誓文を神に誓った主人公は明治天皇自身です。しかし、アメリカ人の私には、当時まだ満15歳だった明治天皇が、自らの意思と知見によってこの御誓文をすべて自発的に誓ったとは考えにくいものがあります。実際に、歴史的に誰がどのような経緯でこの御誓文を醸成していったかは研究されています。

ということは、五箇条の御誓文が憲法であるならば、明治という時代は、すでにスタートの時点から事実上の立憲君主制だったわけです。古くから続く日本の国柄と世界情勢の変化を採り入れて、臣下たちが熟考したうえでまとめた文章に対して、天皇という最高権威がお墨付きを与えることでスタートしたわけですから。

明治憲法は結果的に日本を縛ってしまった

五箇条の御誓文は理想と目標だけが書かれた、いわば憲法の前文のようなものです。その具体的な仕組み、つまり政府や官僚の組織などを定めるものとして、「政体書」が発布されます。

「政体書」は、五箇条の御誓文を受け、その具体的な取り組みを示すものです。そして、法令のスタイルとしては「太政官布告」という形態を取っています。これは現代における「法律」です。

つまり、明治の最初期は、理想としての「憲法」だけがあって、残りの事項は法律に委ねていたわけです。そして、最初は試行錯誤しながら次々改正されていき、次第に明治新政府の形が整っていくことになります。ただしその際、決して御誓文の精神から逸脱するようなことはあってはならず、どう改正・改良していけばより御誓文の精神に近づけるかを議論したはずです。

結論から言ってしまうと、私はこの形態のままで、今日に至るまで日本は世界に恥じない立憲主義国家として通用したのではないかと思います。というよりも、どんなに立派で長文の成文憲法を持っていようとも、外部環境は日本の都合にかまわず変化し、イノベーションや社会の変革は止められません。それゆえ、政府のあり方、国の運営をどのようにしていくかについて、改正が難しい硬性憲法の条文であまり細かく縛ってしまうと、かえって後の時代にフレキシビリティを欠いてしまいかねません。

そして、明治憲法も、日本国憲法も、残念ながらそうした形に陥ったというのが私の考えです。なにせ、どちらの憲法も、形式的には大日本帝国憲法の全面改正という形を取った日本国憲法の制定も含めて、ただの一度も日本人が自発的に改正したことがないからです。

よく、GHQが押し付けた日本国憲法は無効だから、明治憲法に戻すべきだという主張をされる方がいますが、私は論点が違うと思います。明治憲法にも日本国憲法に共通する問題点があることを認識するべきです。

せっかく御誓文という形で人々の理想を明文化しておきながら、それはやがて主人公である日本人から忘れ去られてしまいました。その後、憲法を巡る議論は、国民のため、国のために作られた憲法の話ではなくなりました。まるで憲法のために生き、憲法のための帳尻合わせに汗をかき、憲法だけを後生大事に扱うような、教条的で凝り固まった考え方に変わってしまったのです。その点で、日本は戦前も戦後も、憲法に向かい合う姿勢が本質的には変わっていないと感じます。

変革期を巧みに生き残ってきた幕末期の日本人にすれば、きっと残念なのではないでしょうか。大切なのは国のために何をするか、何ができるかだというのに、現代の日本人は本末転倒の議論に終始しているのですから。

明治憲法上の天皇は結局「独裁者」と誤解された

西南戦争を経て、不平士族たちが自由民権運動を盛り上げ、国会開設を求めるようになりました。しかしこの時点で、明治政府が「憲法を作らなければならない」と考えたのと同時に、絶対に変更してはならない、今後触れてはならない「不磨の大典」であると解釈してしまったことは非常に残念です。

明治憲法の中身のことを言いたいのではありません。制定当時は、各国の事例を研究し、日本の実情に合わせ、将来も国体をしっかり守っていくために、苦心して作ったものだったからです。

しかし、やがて時代が変わることを予測できていれば、「不磨の大典」として扱ってしまったことは完全なミスでした。天皇の考えとして不磨であるべき部分は、五箇条の御誓文の精神だけで十分であり、内閣制度も帝国議会も、臣民の権利・義務も、そして軍や統制権の問題に至るまで、日本人ならどうするべきなのか、すべての根源を御誓文の中に見いだすことができるわけです。やがて起きるであろう時代の変化と、歴史の中で積み重 っていく慣例をせめぎ合わせ、迷ったときは御誓文の精神にできるだけ寄り添うように、法律を柔軟に改正していけばよかったのです。

しかし現実は、すべてを憲法に書き込んでしまい、決して触れてはいけないものとしてしまったことが、今日まで続く痛恨の歴史的出来事を起こしてしまうわけです。

第二次世界大戦後、アメリカは憲法改正にこだわりました。明治憲法こそが軍国主義化の原因であり、天皇は独裁者であって、国民はまるで奴隷のように支配されていると考えたわけです。今でこそ誤解と言い切れますが、明治憲法の条文を読み、日本人がしてきたことを考えれば、当時はそう思われても仕方がありません。

明治憲法そのものは、あくまで立憲君主制です。そして制定当初の段階では、日本が他の欧州の歴史ある国と同等の立憲国家であり、不平等な扱いを受けたり、幼稚な国として植民地支配されたりするような国ではないと主張したかったわけです。明治憲法はそのための道具でもあったのです。

従って、日清・日露戦争で勝利し、不平等条約を解消し、世界の一等国になったあたりで、少なくとも憲法の内容を再検討する必要があったのではないでしょうか。後で述べたいと思いますが、このあたりから、日本の主張は反白人支配、そして西欧諸国の行う「植民地支配」へのカウンターを標榜する行動へと軸足を移していきます。国際的な発言力も強まり、各国も無視できなくなっていきます。

その際、憲法のなかで各国から軍事国家化を疑われる可能性のある内容、不平等条約解消のための体裁、そして、立憲君主制だからこそ生まれてしまった制度的な欠陥を修正できていればよかったのです。それがあれば、たとえ景気の波やブロック経済化があろうとも、関東軍の暴走なども抑えられたでしょうし、軍部の過度な政治介入も防げて、あのような戦争にはならなかったはずなのです。

そして、その後の歴史的事実を裏返してみれば、非常に皮肉な話ではありますが、皇軍の統帥権を持つ天皇自らも軍部の暴走を抑えられなかったほど、明治憲法は徹底した立憲君主制だったのです。

明治維新は「異常」な状況だった

日本人はなぜ軍部の暴走を止められなかったのか。その理由を考えることは、今の日本が抱えている政治状況を打開していく上でも大きく役立つと思います。

私は、結局幕末から明治新政府成立までの期間が、日本の歴史において極めて特殊な、あるいは「異常」な状況だったからだと考えています。これは「いい意味で」です。

黒船という突発的な、しかもとんでもない形で天地がひっくり返るようなショックを受けて、上を下への大騒ぎのなかで、既存の価値が揺らぎ、江戸幕府の権威が崩壊しました。それは日本という国の本質を見つめ直させ、大切なもの、守るべきものと捨て去らなければならないものをはっきりさせました。創造的な破壊と再編がたいへんなスピードと密度で、しかも半強制的に進行していったのです。それに耐えきったのは第２章で見てきた江戸時代以前の日本があったからですが、体制が落ち着いてしまえば、結局はもとの日本、変化を嫌う日本に戻ってしまったのです。

維新が達成され、政権が安定すれば、あとはあまり迷うことはありません。もともと日本人は集団でこそ力を発揮しやすいのです。政府の代表が欧米を見学して目標を定め、技術を移入し、海外に売れる国産品を売りまくる。その品目をどんどん増やして国力を蓄え、外国に負けない強い軍隊を作ろうと訴えれば、その通りに、正確に力強く、物事はスピーディーに進んでいきました。

こうなってくると、人々は変革していることの大切さを忘れてしまいます。平和で平等なのはいいのですが、日本は周囲から離れた島国ですから、みんなが同調してしまうと異論が出にくく、大きな間違いをしてしまいかねないのです。

もちろんこうした危うさを理解していた優秀な日本人もたくさん存在しました。欧米を回り、外形的な、技術的なところだけでなく、なぜそういう発想ができるのか、どうすれば彼らに追いつき、追い越せるようになるのかを考えた知識人がいたわけです。

その代表が福澤諭吉《ふくざわゆきち》です。福澤は「一身独立して、国独立す」と考え、独立心よりも周囲との協調を重んじがちな日本人に、それだけでは国家の独立が危ういと説きます。自らが支援し交流してきた朝鮮の開化派によるクーデターの甲申事変が、清の介入によって潰えると、有名な「脱亜論」を記しています。西洋文化を取り入れようとせず、座して植民地化を待つばかりとなっている中韓の儒教に毒された問題点も指摘していました。何より福澤は、オランダ、そしてアメリカやイギリスを学んだ上で、互いに意見の違いを明確にし、最後まで事実に基づいて議論することの大切さを日本国民に説きました。多少の違いには目をつぶり、仲間内で固まることを美徳とする日本人にはとても衝撃だったに違いありません。

今、日本人の多くは福澤諭吉を尊敬しているでしょう。なんといっても最高額紙幣の肖像になっているのです。しかし、福澤の肖像を財布にしまっている個々の日本人に、果たして国の将来を考え、自分の意見を明確に持ち、激しい議論を恐れない独立心は備わっているでしょうか。仲間内で固まり、みんなで同じようなことをするのではなく、異なった意見を思い切って主張できる勇気が身に付いているでしょうか。

福澤はお互いに旗印をはっきり掲げて議論をした先にイノベーションがあると言って

いるのです。そして、幕末から明治維新の直後までは、多くの日本人にも、それがしっかりできていたはずなのです。

日本人にとって耳の痛いことを言い過ぎだと怒られてしまうかもしれませんが、私は常に、日本にもっと、意見の違いをぶつけ合う風潮ができてほしいと願っています。みんなが同調するのではなく、誰かがしっかりと「ツッコむ」役を果たさないと、すべては何となく進んでしまいます。明治維新が異常だったのではなく、私は現代のような日本の方が、世界の常識から見ればむしろ異常なのだと思います。

米英を味方につけた不平等条約からの回復

近代化を進める日本の国力、そしてその反映である軍事力を国際的に示したのが、日清戦争と日露戦争です。この二つの戦争は、いずれも朝鮮を巡って行われたわけですが、明治維新以降の不平等条約改正という流れにおいては、両者の評価は大きく異なってくると思います。

日清戦争は、いわば日本の「楽勝」でした。清にはあまりにも力がありませんでした。従って、アメリカではあまり語られることがありません。これは、西鋭夫先生の説を借りれば「清の人々はイギリスによってアヘンに毒されていて戦闘意欲に欠けていた」からなのかもしれません。

それでも日本は台湾をはじめとする領土のほかに、莫大な賠償金を受け取ることができ、事実上、東アジアのトップに立ったわけです。

そしてアメリカ、イギリスが日本の成長に注目していたのは、ロシアの動向があってこそでした。いわゆる三国干渉で日本に圧力をかけてきたロシアに対し、米英はロシアへの警戒心から日本に肩入れを始めるわけです。そして日本も、清から得た賠償金の実に8割を軍事費に再投資しました。一方で金本位制の整備を進め、欧米から経済財政面での高い信頼を得ることに成功し、同格の国家だと認められるようになっていきます。これが不平等条約改正の助けとなります。

日露戦争はアメリカにとっても深い関わりのある出来事です。すでに述べましたが、日英同盟を結んだイギリスだけでなく、アメリカも日本の戦費調達を助けました。戦争は熾烈でしたが、最後に日本海海戦で日本が奇跡的な完勝を遂げたことで勝利をどうにか確保し、当時のアメリカ大統領セオドア・ルーズベルトの仲介によって、日本はキリのいいところで戦争を終わらせることができたのです。

もっとも、当時の帝政ロシアはすでに傾きかけていて、あまり力を戦争に集中できる状況になかったことは日本にとってラッキーだったかもしれません。それでも、アメリカが日本の側に立って戦後処理を担ったことは、日本の国際的な価値を向上させるのに大いに役立ちました。なかでも、セオドア・ルーズベルト大統領は日本に好意的だったことで知られています。日本との交渉のさなかで日本側からプレゼントされた新渡戸稲造《にとべいなぞう》の『武士道』を読んで、日本人の精神をよく示したものだと感銘を受けました。ポケットマネーで『武士道』を買い求め、友人や子どもにプレゼントし、日本の高尚さや優美さ、誠実剛毅な精神に学ぶよう伝えたといいます。陸軍士官学校や海軍兵学校にも閲読を推薦したようです。

また戦後処理に当たった日本の小村寿太郎《こむらじゅたろう》外務大臣の交渉態度は堂々としたもので、アメリカ側はこの時から残されていた関税自主権の回復に積極的になったといいます。

これより前、治外法権の撤廃を決定づけたのは、1886年に和歌山県沖で起きたイギリス船「ノルマントン号」の沈没です。イギリス人の乗組員は脱出したのに日本人乗客は全員死亡し、その刑事責任を日本の裁判で問えず、多くの船員がイギリスの裁判で無罪になったことに起因しています。ただ実際はこうした状況と対ロシアとの安全保障とをうまく交渉に結びつけ、イギリスを説得した陸奥宗光《むつむねみつ》の功績が大きいのです。

こうしてみると、明治後期の日本の外交官たちは、自国を取り巻く情勢だけでなく、世界情勢を注意深く観察し、うまく組み合わせて粘り強くディールを投げかけていたことがよくわかります。

そして、長い意味での明治維新がここに終わりました。60年もの時間をかけて国力を蓄え、やっと日本は「普通の国」になり、本質的な意味での「攘夷」を達成することができたわけです。

しかし、日本は「本分」をわきまえなかった

私は、この明治維新の完結をもって日本人が自信をつけ、自国をいっそう愛したことを悪いとは思いません。そのこと自体は大変画期的ですし、誇るべき栄光の歴史といっていいでしょう。

ただ、この後の日本は、少し厳しい言い方になりますが、自らの「本分」をわきまえない行動に出てしまったと思うのです。無謀すぎたと言ってもよいでしょう。

以下はあえて申し上げる、当時の白人が考えたであろう「差別的な本音」です。

《ついこの前まで不平等条約を結ばされていたような極東の有色人種の国が、よく頑張ったと褒めていたら、急に一等国の顔をして「人道的に正しいこと」を主張し始め、それまで西欧諸国が数百年の時間を掛けて作り上げてきた秩序に挑み始めた。それはもはや、正しいか正しくないか、正義か否かではなく、かえって日本に対する差別意識を刺激した。そして、いわゆる黄禍論のような形で、それまで日本を「西欧人ではないのによくやっている国」と積極的に評価していた人たちが、「西欧を模倣したくせにうるさいことを言い出し、自分たちの繁栄を邪魔する国」、「いずれ排除すべき危険な国」として否定し始めてしまった》というわけです。

　セオドア・ルーズベルトが感動した「武士道」も、「野蛮で好戦的で、民主主義ではなく軍人が支配する日本」といったイメージへとすり替えられてしまいました。これには、中国国民党のプロパガンダも効果を発揮しました。

　今なら決して許されないことですが、しかし紛れもない事実なのです。別の見方をするならば、こうした差別意識をしっかりと乗り越える非白人世界の代表が日本だったわけですし、少なからぬ国の人たちが、その役割を日本に期待していたわけです。日本自身が、自らの置かれた立場を冷静に分析しながら、時間をかけてじっくりと差別や植民地の問題に取り組んでいたら、日本のためになっただけでなく、世界全体をバージョンアップさせた「世界規模の維新」になり得たはずでした。

しかし、日本は結局そこにはたどり着けませんでした。

偉大な功績で明治維新を締めくくった小村寿太郎も、その直後にはいわゆる「桂《かつら》・ハリマン協定」に反対しています。この協定は、ロシアから得た満鉄（南満洲《まんしゅう》鉄道）の経営を日米共同で行おうというもので、言ってみれば権益をお互いに分け合おうという話だったのですが、現職総理大臣が結んだ協定を日本は反故にしてしまいました。

開国の扉を開けたアメリカからしてみれば、親日的感情もあって、日露戦争の資金を用立て、終戦の尻拭いまで買って出たのです。裏切られた気持ちになったことは言うまでもありません。そして何より、日本は日露戦争の果実を独占し、アメリカの利益を妨害する、わがままで欲張りな国だと認識されてしまうようになります。

また、第一次世界大戦を終えた後のパリ講和会議で、日本は「人種差別撤廃条約」を提案します。この時点では、日本は太平洋からドイツ軍を追い払い、押しも押されもせぬ一等国の立場にありました。そんななかで、早くから日本人が移民していたアメリカでは、差別が日常化していたのです。

それに憤り、変えなければならないと考えるのは間違いではありませんし、むしろ正義であり、立派なことです。現在の価値観から見れば、絶対に日本が正しいのです。しかし、これもまた当の西欧国家にとっては面白くありません。日本の近代化には支援を惜しまなかったのに、なぜ少し成功したからといっていい気になるのか。まさか、近代化に成功して一等国になったことが、１００％自分たちの力だと勘違いしているのではないか。日本が青臭い正義を叫べば叫ぶほど、皮肉なことに、それ以外の一等国には傲慢で、警戒を要する国だと映ってしまったのです。

明治維新で日本は、攘夷という本心を胸に押し込み、実利を得ることを選びました。しかし50年も経たないうちに、今度こそ攘夷をするのだという「傲慢さ」が、名より実を取ろうとする「謙虚さ」を上回り始めていたのではないでしょうか。

これを、他の大国が、「調子に乗っている」と見始めるのです。

民主主義の未熟さと軍閥の台頭

日露戦争の勝利、そして第一次世界大戦を経ての五大国入りは、日本が国際政治の舞台でもっとも存在感があった時期でした。そのころ国内では、現在では「大正デモクラシー」と呼ばれる政治運動が行われ、一時的ではありますが、政党内閣が続くことになりました。

大正デモクラシーの背景にはさまざまな要因があると思います。私が注目したいのは、明治維新を主導した薩長藩閥への反感と、日本経済が成熟してくるに伴い普通の人々の生活や意識がどんどん高くなり、政治参加を求め始めるという、ごく当たり前の流れです。これ自体は、極めて自然なことです。

私が戦前の日本について本当に惜しむのは、この時、もし幕末・明治維新の時のような「オールジャパン」の雰囲気が残っていたら、スムーズに、しかも日本人自身の選択として政党政治へと移行できたはずなのに、実際にはそうはならなかったことです。

ひとつには、政党政治の初期に起きやすい癒着と腐敗です。薩長藩閥を倒すための政党政治だったはずが、結局はまた癒着と腐敗が繰り返されたのですから、政党政治を支持していた人々はさぞ怒ったことでしょう。

しかし、その怒りはあくまで政党政治の枠組みのなかで解決されるべきでした。ところが怒れる青年将校たちは、二つのクーデター未遂事件を起こします。そして、結局は軍が憲法上の弱点を利用して、自分たちが信じる「正しい政治」を始めてしまい、国民もそれを事実上追認してしまうのです。貧しいけれど優秀な人材は、軍人になることが世に出るための最高の近道だった時代ですから、これは構造的な問題です。

決起した若い軍人の多くは、真面目で清らかな心を持っていたのでしょう。拡大していく資本主義の負の部分を許せなかったのでしょう。しかし、国際情勢はそんな純粋さにかまってはくれません。世界恐慌で資本主義と国際分業制はピンチに陥り、「差別」されやすい日本は悪影響を受けてしまいます。輸出で国力を蓄えてきたのですから、影響は深刻です。ところが当時の世論は、その原因をすべて国内的な政治の争いに転換してしまったのです。

幕末に外圧がかかり日本がピンチに陥った際は、「オールジャパン」の発動が破局を回避させ、その後の急成長につながりました。しかし、昭和の時代にかかった、より複雑な外圧は、むしろ「オールジャパン」の集団的パワーを間違った、日本に利のない方向へと導いてしまうのです。

残念なことですが、維新の志士たちの時代よりも、現実を認識する力、世界の中の日本の立場を深くまで考える力が、ずっと劣っていたのです。

日本は「世間知らずのお上りさん」である

この時代から受け取るべき教訓として、私は皆さんに、厳しいことを述べなければなりません。

日本は、少し気を抜けば、国際社会の情勢を把握する重要性を忘れてしまい、「世間知らずのお上りさん」になりかねないという事実です。別の言い方もできます。日本人は、日本国内において日本人同士であれば、まるでテレパシーのように空気を読みあえるのに対して、集団となった日本人は、世界に出ていくとまったくといっていいほど国際的な空気を読めないのです。これはおそらく、現在でもあまり変わっていません。

集団で物事を遂行する力に長けていて、そこに「世間知らず」の要素が乗ってしまうと、途端に国際社会から浮いてしまい、暴走してしまうのです。

幕末の悔しさをバネに、強い国、強い帝国陸海軍が誕生しました。しかし、そこで強すぎる正義感から理想主義に走り、外交や政策を間違えてしまえば、とたんに世界中を混乱に陥れてしまいます。

戦前、少なくない日本の官僚や軍人たちが、ドイツと手を組むことの危険性を認識していたはずです。ロシアを過度に信頼することの危険性を知っていたはずです。それなのに、どんどん間違った方向に進み始めてしまったのです。

その原因として、事実上政治の主導権を握った軍内部での対立が語られます。陸軍内、海軍内の派閥抗争があり、さらに陸軍と海軍の対立や意見、国防観や仮想敵国の相違もあります。

それは私もある程度歴史的な事実としては理解するのですが、当時の日本人が決定的に間違っていたのは、そうした国内の争いなど、国際社会、国際常識の前ではほとんど意味がなく、そこで決定したことで世界が変わるわけではなかったということです。もし本気で、日本の力だけで世界をすべて変えられると思っていたのなら、それは残念ですが思い上がりです。

幕末の志士と比べて、何という尊大さでしょうか。志士たちは互いに争いながらも、どうすれば日本を守れるのか、極めて現実的に考えていました。しかし、そこから国を受け継いだはずの昭和の日本人たちは、結局国内だけを見て互いに争い、そのなかだけで政策を決定づけるようになっていました。また、現代の日本人にも見られる「幼稚な正義感」が当時はもっと強かったと思います。「十字軍の遠征」などの歴史を学べば、

「正義」とは多分に相対的なものであり、さらに「正義は必ず勝つ」わけではないことがわかります。最後には、米英から戦略的に追い込まれ、「窮鼠猫を咬む」感じの戦いを挑んで、国体を破壊しかねないところまで突き進んでしまったのです。志士たちが注意深く避けていたことを、本当にしてしまったのです。

日本は何を間違えたのか

結局、当時の日本人は何を間違えたのでしょうか。維新のころから数えれば、三世代ほど経過した日本は、はっきり言えば変わってしまったのです。

命を落とした明治維新の志士たちは美しく歴史の中に眠っていますが、国を受け継いだ薩長藩閥は、やがて堕落していきます。そして政党政治も腐敗し、軍部の台頭を許してしまいます。

ここから現代の日本人が受け取るべき明確な教訓が、少なくともひとつは存在します。作った当初は立派な体制でも、時間を経るに従ってその意味、意義は忘れられていき、やがて体制維持のための政治、体制維持のための議論へと堕落していくのです。そして、体制を変えないことに利益を求める官僚的な人々、無思考のくせに形式ばかりを重んじる貴族的な人々が、腐敗しながら幅をきかせ始めるのです。

高邁《こうまい》な理想を持った維新の志士の後輩はやがて腐敗し、刀をペンに持ち替えた自由民権運動の闘士の後輩もやがて腐敗します。政党もマスコミも腐敗します。そして、「不磨の大典」という名の下に変えられない統帥権の問題をついて、軍部が政治をコントロールし始めてしまうのです。彼らが腐敗していたかどうかは議論の余地があるでしょうが、少なくとも国際情勢を見誤ったことだけは間違いありません。すべてを国内の事情で考え始めてしまったからです。

今現在、自由民主党がいかに支持されていようとも、日本共産党がいかに「清廉潔白」を主張しようとも、政権を取って長い間安定した政治状況を作り出せれば必ず堕落し、腐敗していきます。いや、どの政党にも、すでに腐敗した政治家が所属していることは間違いありません。とりわけ、外国の影響を受けにくい島国の日本は、この点に注意しなければなりません。

だからこそ、堕落に気づける異論をくみ上げ、堕落しても取り返せるようなシステム作りを、あらかじめ考えておかなければならないわけです。

明治憲法を変えられなかったという痛恨

日本が変えられなかったものの代表例は、大日本帝国憲法における、天皇の統帥権の問題です。

これは、極めてシンプルに記された条項です。

第11条　天皇ハ陸海軍ヲ統帥ス

このたった一行の規定が、後の日本を追い込むなど、制定当時は誰も考えていなかったでしょう。

私は、明治憲法の制定時において、統帥権をこのように記したことが間違っていたとは思いません。五箇条の御誓文の精神に立ち返れば、天皇が臣民（国民）とともに心をひとつにして国を発展させるために、軍隊が必要なのは当たり前で、その統率の権力を天皇が持つことはごく当然の話です。

しかし、天皇はまた、明治時代の最初から、権威はあっても権力は持たない事実上の立憲君主だったわけで、あくまでその役目は自らが委託するプロフェッショナルによって行われていました。行政は当初太政官が、後に内閣や国務大臣が、立法は帝国議会が担うようになり、取り決めも定められていて、慣例も積み重なってきました。

しかし、天皇の統帥権に関しては、ごくシンプルな取り決めしかなされないまま、どんどん軍事力が高まりました。維新が遠くなるにつれて本来の意図を離れ、結果として拡大解釈を招いてしまったのです。同時に、閣内不一致が即倒閣につながってしまう、軍部大臣現役武官制という制度的な問題と結びつくことで、せっかく始まったばかりの民主主義をも阻害してしまったのです。

私が今さら論じるまでもなく、当時からすでにこの問題が指摘されていました。しかし結局は憲法に触れることができず、しかも軍部のクーデター事件がプレッシャーとなって、傷口がどんどん広がってしまったのです。

時代のどこかで変えることができれば、明治を作った精神を持ったまま、本当の一等国として自ら政党政治、民主主義を打ち立て、そのもとで健全で強い軍隊を保持することができたはずなのです。

そして今、内容は正反対でも本質的にはよく似た事象が、21世紀の日本で再び起きているのです。これは第４章で詳しく述べていきましょう。

もしも日本があと50年、１００年早く近代化していたら？

歴史にイフはない、というのは当然としても、私は、もし日本の幕末・明治維新、そして近代化があと１００年、あるいはせめて50年早く始まっていたらどうなっていたかをつい考えてしまいます。

それは日本がどうなったかというより、あくまで世界の歴史をどう変えただろうかという視点です。

アメリカがもっと早く独立していたら、イギリスが中国にやってきてアヘン漬けにするよりも前に日本に開国を迫ったと思います。あり得ない話ではありません。ロシア船は18世紀から日本に現れていたわけですから。

日本はおそらく、たとえ黒船が50年、１００年前に来ていたとしても、19世紀半ばとあまり大きな差はなかったと思います。社会は安定し、人々は勤勉で、しかし国家としての成長性はすでに技術的問題からピークに達していたからです。従って、もっと早く江戸幕府は崩壊し、天皇親政から近代化が始められたに違いありません。

日本が近代化を受け入れ、国力を急速に伸ばしていても、まだイギリスをはじめとする西欧諸国はそこまで中国に浸透していません。そこでもし日本の成長が早ければ、東アジアでのパワーバランスが安定し、おそらくそこまで中国に入り込めなかった。そして日本は西欧とそれほど摩擦を起こさずに、中国大陸の利権を確保できていたのではないでしょうか。

私が何を言いたいかというと、もしそうなっていれば、今のような中国共産党が支配する中国は、おそらく存在していなかっただろうと言うことです。荒っぽい言い方をしてしまうと、中国での利権争いに遅れて参入した日本は、意図しなかったにせよ、結果として中共を「育てて」しまったのです。これはアメリカにもソ連にも言える話ですが。

現在の中共があるのは、言うなれば火事場泥棒です。日本と国民政府、日本と米英を争わせておいて、隙間をどんどん作って入り込んでいく方式で浸透していったわけです。アメリカはある時点でこの流れに気づきました。日本で天皇制が残された理由のひとつは、それが防共の役に立つからでした。

もっとも、その責任を日本に負わせることは無理があります。そして日本が戦争をやめた理由、本来、自らが立憲君主であることを自覚していた昭和天皇があえてタブーを踏み越えて自ら戦争終結を決めた理由は、惨禍の拡大と同時に、共産革命の防止にあったと言われています。もっとも、日本が共産化されないだけでもよかったのかもしれませんが。

毛沢東《もうたくとう》は後年、日本のおかげで共産党が権力を奪取できたと語ったといいますが、それは文字通りの真実だと思います。そして、中共はその支配している大勢の一般の中国人を搾取し、「中華民族の偉大なる復興」を掲げて年々軍備を強化していることで世界を不安に陥れています。

もしアメリカがもっと早く日本にやってきていたら、きっとやっかいな中共は存在せず、中華人民共和国もなかっただろうに――こんなことを今さら考えても仕方がないのですが、それでもつい想像してしまうのです。

日本が「植民地支配の終焉」を粗雑にしてしまった

もうひとつ、この章の最後に指摘しておきたいことがあります。

それは、日本が誤った方向に進んでしまったことによる世界へのネガティブな影響です。とはいっても、当時の日本を責めるのは酷な話で、結果としてそうなってしまった、という教訓として述べたいと思います。

日本の「植民地支配」が、西欧のそれとはかなり内容が異なっていたことはご承知の通りです。日本は財政的なリスクを負って、各地域の近代化に努めます。悪習や奴隷制度の取り締まりに始まり、法令や貨幣経済の整備、インフラへの投資、殖産興業、そして教育の普及などを行いました。一方で西欧の旧宗主国は植民地からの回収、搾取がメインであり、植民地住民の将来を見越した投資はあまり行いませんでした。つまり、日本のやり方は、今の価値観に照らせば、西欧よりも正しいものでした。

私は、現在旧植民地の国の人々がどう評価しているかはさておき、日本のやり方は当時として珍しかったと思います。と同時に、日本は植民地の分割支配の時代に、遅れて参入してきて、もっとも「大暴れ」してしまったプレーヤーでもあります。

日本の植民地政策のやり方は未来的で、植民地の将来を考えた立派な方法だったのですが、結果として日本は戦い、敗戦します。その過程で多くの西欧植民地を一時的にせよ「解放」したことにより、植民地各国の独立心を刺激し、それは日本が敗戦した後、アジアからアフリカへと連鎖していくことになるわけです。もっとも、この時点でもはや日本は直接的には関係ありませんが、きっかけを作ったことは明白です。

困るのはここからです。日本のような植民地政策を行った地域では、インフラが残り、人が作られ、宗主国がいなくなっても政府を形成していくことは不可能ではありません。しかし、西欧が支配していた特にアフリカの植民地は、まったくそうではありませんでした。ただ搾取があっただけであり、教育もインフラもないなかで、急に独立、民族自決を叫び始めるわけです。宗主国が教育をしてこなかった理由は明らかで、わざわざコストをかけて教育を施せば、かえって民主主義に目覚めて宗主国に反発することがわかりきっていたからです。

結果は、どうなったでしょうか。次々と諸国が独立し、宗主国が出て行った後は、混乱、そして殺戮や内戦の世界になってしまったのです。

もちろん、民族自決が正しく、植民地支配はやめるべきでした。しかし、何も民主主義のベースがなく、人も育っていないところにいきなり国家を建ててみても、そこで起きるのは宗主国の残していった利権の奪い合いであり、沈静化していた民族同士、異教徒同士のいがみ合いであり、独裁者と西欧の企業の新たな結託であったわけです。

アメリカがもしもっと早く日本に来ていたら、とは正反対に、もし日本の敗戦がもっと遅かったら、あるいは日本がしっかりと国際情勢を見定め、戦争へと至る道を避けられていたら、かなりの確率でこうした不幸な事態は防げたのではないでしょうか。植民地支配を元に戻すにしても、もっと条件を定めて、国際的な協力のもとで独立のための準備をしたうえで、穏当にできたのではないでしょうか。

これを日本の責めに帰することはさすがにできません。しかし歴史のいたずらとして、日本がたまたま担ってしまった流れだと思うのです。

日本に責められる点があるとすれば、「人種差別撤廃条約」を国際社会で主張するなら、国際秩序を変革するために、長い目で、しかも綿密な計画を立てて、植民地の振興と人権擁護、差別撤廃に取り組むべきだったということです。少なくとも当時の西欧各国は、正しい植民地支配の終わらせ方、出口戦略などまったく考えていませんでしたから、日本が中心となって、人道と正義に基づく理解からじっくりと取り組み、彼らに時間をかけて再考を促すべきでした。それは、植民地にされかかった現実を努力と成長で押し返して大国になった唯一の国・日本だからこそできたはずなのです。

もちろん、それは非常に困難で長い時間がかかったでしょうが、もし成功していたら、当時の日本の国際的地位はどれほど高かったでしょう。日本は世界の発展に、もっと貢献できたはずなのです。

世界が、特に発展途上にあるアジアやアフリカの国々が、日本の明治維新や日露戦争勝利を高く評価するのは、おおむねこの文脈においてです。言うなれば、どの国も明治維新を実現したかったけれど、どこもできなかったのです。

現在の日本でこのようなことを言っている人は少数派でしょう。でももし当時の日本人に、自分たちの成し遂げたことを客観的に評価できる力が備わっていれば、もしかしたら明治維新の価値を世界に普及させ、昇華させることのできるチャンスがあったのかもしれなかったのです。

第4章　明治維新１５０年、日本人に覚悟はあるのか

もしも不平等条約に怒った志士たちが憲法第九条を読んだら

最後の章では、ここまで見てきた幕末と明治維新、そして当時を生きた日本人の先輩たちから、今の日本人は何を受け取るべきなのかを考えていきます。

幕末にペリー艦隊を目の当たりにした志士たちは、来るべきものが来たと戦慄したに違いありません。

このままでは国は食い物にされてしまう。どうすれば彼らに打ち勝ち、国を守ることができるのか――。

しかし、残念ながら当時の日本にはそのような力がありません。資源も、技術も明らかに劣っていて、勝負にならないのです。

国を守りたい。植民地になど絶対にされてはならない。しかし、まともに対抗できる軍事力がないのです。

この現状をどうするのか。そこから日本の近代が始まりました。

それから160年あまりが経過し、日本は世界の大国になりました。そして、憲法にはこう書かれています。

（前文から抜粋）日本国民は、恒久の平和を念願し、人間相互の関係を支配する崇高な理想を深く自覚するのであって、平和を愛する諸国民の公正と信義に信頼して、われらの安全と生存を保持しようと決意した。

第九条　日本国民は、正義と秩序を基調とする国際平和を誠実に希求し、国権の発動たる戦争と、武力による威嚇又は武力の行使は、国際紛争を解決する手段としては、永久にこれを放棄する。
（2）　前項の目的を達するため、陸海空軍その他の戦力は、これを保持しない。国の交戦権は、これを認めない。

どうか、歯ぎしりをしていた志士や、困難を乗り越えて国の変革を成し遂げた当時の人々の立場になって、この憲法の条文を読み返してください。
この憲法が持っている決定的な矛盾に気づくでしょう。前文で国民の「安全と生存を保持」するとうたいながら、武力は使わない、戦力は保持しないと言っているのです。

志士たちの時代には、国を守りたくても軍隊を持てませんでした。蒸気船の軍艦と威力の強い大砲を見て、おびえるしかありませんでした。やがておかしな条約が結ばれ、港に異国人が住むようになり、国の行く末を巡って大騒ぎになりました。そのなかで、人々は議論を戦わせ、成長し、そして互いに傷つけ合って、幾多の若い命が散っていきました。

しかし今の日本は、自ら「軍隊を持たない」と宣言しているのです。いや、正確にはそのように戦勝国から宣言させられたのです。情けない話です。私が志士だったら、佐幕派だろうが討幕派だろうが頭にきます。自分が命をかけてしてきた仕事を愚弄されたような気分になります。そして、この国で本当に自分の子孫が「諸国民の公正と信義に信頼」して、安全に暮らしているのか、とても心配になります。

日本国憲法は「不平等条約」、志士なら憤慨する

「この憲法は、日本がアメリカとの戦争に完敗したために、当初アメリカによって結ばされたものです。そう、つまり、武力を後ろ盾に結ばされた日米修好通商条約と同じなのです」と志士たちに教えたらきっとこう言うでしょう。

「それならば、なぜこの『不平等条約』を改正しようと努力しないのか」と。

ここで、アメリカ人である私は、念のため一言アドバイスをするでしょう。「いえ、ちょっと待ってください。実のところはアメリカもこの憲法に大きな問題があることに気づいているので、日本が憲法を変えることをむしろ歓迎しているのです。その証拠に、今や日本とアメリカは重要な同盟国で、アメリカは日本の軍事力の強化に期待すらしているのですよ」と。

やがてすべての事情を理解してくれた志士は、こんなことを言うに違いありません。「ならば、『新しい不平等条約』を自ら放置している日本人が怠慢なだけではないか。情けない。志はあるのか？」

明治維新150年などといって、志士の足跡や幕末のドラマに浸っている現代の日本人を、こう一喝するはずです。「手放しで歴史を賞賛し、昔の人には志とロマンがあったなどと言っている暇があるのなら、今自分たちの目の前にある不平等条約の解消のために力を尽くせ。それなしに、いくら幕末の志士の偉業を褒められても、ただむずがゆいだけだ」と。

明治150年が問うているのは、そうした日本人の覚悟なのです。

志士は「対等な関係でない他国に国防を任せる」ことを納得するだろうか？

志士たちが理解に苦しむであろう理由は、彼らが喉から手が出るほど望んだ「国防」の力を、対等な関係ではない他国に頼っていることです。

いくら日本がアメリカと同盟関係にあり、日米安保条約で守られているからといって、それを信じて、相手方と対等な関係を築こうとすらしないことは、ただの依存状態です。そのようなことは、志士には絶対に信じられないし、受け入れられないでしょう。

もっとも、東西冷戦という枠組みのなかでは、日米安保条約はアメリカにとっても十分にメリットがありました。志士たちの時代には集団安全保障という考えはありませんでしたから、その点は理解されなくても仕方ありません。

しかし、冷戦は終結し、日本が共産主義に対する防波堤として機能していた時代も終わりました。もう30年も前の話です。

その後、中国と北朝鮮が新たな脅威として急浮上してきました。しかし、アメリカは日本が両国から自分たちを守るための防波堤であるとは考えていません。ともに東アジアの安定を守るパートナーとして見ているのです。

これは、実は恐ろしいことなのです。冷戦はアメリカにとって絶対に引き下がることのできない戦いでしたが、東アジアの安定はそこまで必要ではないかもしれません。あるいは、現時点では必要だとしても、今後事情が変われば大きく重要度が低下し、条件によっては中国と取引してもかまわないということになってしまう懸念すらあります。本質的に、アメリカは東アジアとは無関係だからです。

日本人は、それにもかかわらずアメリカが今後も絶対に日本を守り、ともに戦ってくれると信じています。安保条約に関する負担は必ずしも対等ではないのに、過剰な期待をしています。

しかし志士なら考えるでしょう。状況はいつ何時変わるかもしれないのに、なぜ対等な関係でもない他国に国防を任せられるのかと。本当に、いつまでも現在の状況が続くと信じていていいのでしょうか。

理想やルールだけではどうにもならなかった現実を学べ

今日本人が、幕末・明治維新からまず学ぶべき大切な教訓は、「理想やルールだけではどうにもならない現実がある」ということでしょう。

志士は考えました。日本を守りたい、外国の植民地にしてはならないと。ではどうすればいいのか。試行錯誤したのち、「このままではどうしようもない」という現実を学んだのです。

手持ちの武器で精一杯の攻撃をしても撃退できない近代化された敵を前に、現実を受け入れて自己を変革し始めたのです。

そして、そこに立ちはだかるルールがあるなら、破壊することを選んだのです。否応なしに起きている世界の変化が目に見える形で軍事的脅威になっている、そこで伝統的な決まりや手続きを重視し、国内的な体裁を整えている場合ではなかったのです。

こうして彼らは、ルールとは破られるためにあることを悟りました。ひとつは江戸時代・徳川幕府という旧来のルールであり、もうひとつは納得いかないままに結んでしまった不平等条約です。その順番で対処しなければ、日本はだめになると考えたのです。

この考え方を、現代において非常にわかりやすく実践しているのは、皮肉にも北朝鮮の指導者・金正恩《キムジョンウン》です。彼らは核やミサイルをなぜ開発しているのでしょうか。そうしなければ国が滅ぼされ、自分たちが消されてしまうと考えたからです。軍備をある程度までバランスさせておかなければ何も始まらないのだから、核不拡散条約も、かつて国際社会と結んだ約束もおかまいなしです。そして、核とミサイルの開発が、もっとも自分たちを守れる低コスト・高パフォーマンスの手段だと理解しているのです。

厳しい言い方をしましょう。北朝鮮のしていることは問題だらけで厳しく批判されるべきですが、その現実を認識する力、戦略的な考え方は、よほど日本人よりも冷静でロジカルです。北朝鮮のほうが、軍備をバランスさせておかねばならないことの重要性に気づいています。

しかし、日本で核保有の議論はできません。核兵器を持つ以上、いざという時は使うことが前提になり、使えば非戦闘員を虐殺します。それは国際法違反であり、被爆国として受け入れられませんから、議論そのものができません。それは一理あるルールですが、そのために核ミサイルで攻撃を受けることが許容できるかどうかは、国際情勢の現実に基づいてしっかり議論されねばならないはずです。

空気が読めないことが不安なら海外に聞けばいい

前の章で、日本人は日本人同士であれば空気を読みあえるのに、国際的な空気になるととたんに読めなくなると述べました。もしこの「悪癖」が簡単には治らないのであれば、とりあえず試してみてほしいことがあります。

幕末とは違い、今は海外と簡単にコミュニケーションが取れる時代です。国としての日本の考えを国際社会に発信すればリアクションが得られます。

もし日本が何をすべきなのか、憲法を変えるべきか否かについて迷っているのなら、ぜひ国際社会に問いかけてみてほしいのです。

「憲法を改正し、戦力を保持して国防と国際社会の平和安全のために応分の貢献をしたいと思うのですが、私たちは今でもやはり空気が読めていませんか？　ならば、日本がどうすればもっとも国際社会のために貢献できますか？」

声高に主張するのが野蛮だというのなら、ていねいに「お伺い」を立ててみればいいと思います。

まず聞くべき相手は、かつて日本が戦争をした国の代表であるアメリカです。日本国憲法を作らせた張本人だからです。答えは誰でも想像できます。「やっと気づきましたか。一刻も早く改憲して、日本も応分の負担をし、責任を果たしてください。そのうえで一緒に仕事をしましょう」。

過去の過ちがあるのだから改憲はやめろなどとは、絶対に言いません。同じことを、イギリスに、オーストラリアに、オランダにも聞いてみてください。ロシアはどう反応するでしょうか。それほど抵抗は示さないのではないでしょうか。

中国はきっと反発するでしょう。「日本は軍国主義を復活させようとしている」とプロパガンダを始めるでしょう。そこで、堂々と尋ねてみればいいのです。「私たちは中国と二度と戦争をしたくありません。そのためには、あなた方の軍事支出の増加と国防力の強化に合わせて軍備をバランスさせなければなりません。そのほうが、お互いのメリットになりますよね？　それとも、軍縮について話し合ったほうがいいですか？」

それでも中国は反発すると思います。しかし、むしろそのほうが、他の多くの国々が「日本の考えはもっともだ」と認めてくれるはずです。そして日本と同盟を結んだほうがメリットがあると考える国家がアメリカ以外にも増えていき、より戦争は起きにくくなるでしょう。

現在の日本は、この点についてまったくの無責任です。アメリカと平等の条約を結んでいないだけではなく、大国であるにもかかわらず国防に関する立場をあいまいにし、経済規模に見合った国際安全保障への貢献を怠ってきたからです。

かつてアメリカは、グローバリズムの波に乗って、日本を含む世界中を助け自由主義を拡散することが正義だと考えてきました。

しかし、当初は当選しないだろうと考えていたトランプが大統領になった今、多くのアメリカ人はそんなことをもはや望んでおらず、たとえ「内向き」と責められようと、自分たちの暮らしをなんとかしてほしいと考えていることが明らかになりました。安倍晋三首相はトランプ大統領との関係強化に努めていますし、そのおかげで日本が助かっている部分は大きいのですが、トランプ政権を支えている支持者たちは、自分たちが直面している貧困やスラム街の現実のためにカネを使ってほしい、東アジアの安全保障など後回しで、日本はもっとアメリカからモノを買うべきだと考えているわけです。思わぬ形で東アジアからアメリカが存在感を弱めた瞬間、日本の無作為はたちまち露呈します。

憲法改正論議は不平等条約改正、恐れず進めよ

日本人がなぜ、ここまで憲法改正論議を恐れ、タブー視しているのか、私にはまった

く理解できませんでした。理解できないなりにその理由を想像すると、すでにほとんどの日本人にとっては戦争が遠い過去の歴史となってしまったことで、客観視できるようになったのではなく、むしろ誤ったイメージに凝り固まってしまったのではないかと思うのです。そして、戦後75年近く日本が戦争に直接関わらなかったことを、憲法のおかげだと誤解しているわけです。

百田尚樹さんは、この馬鹿馬鹿しさを、小説『カエルの楽園』（新潮社）で平和な国である「ナパージュ」に住んでいるツチガエルたちが信じる「三戒」（カエルを信じろ、カエルと争うな、争うための力を持つな）という形で表現しました。せっかくの明治維新150年ですから、今後は次のような枠組みを使って憲法を考えることをおすすめしたいと思います。

つまり志士が不平等条約に怒ったように、日本人は「不平等条約」同然である日本国憲法の取り決めた「平和」の矛盾と欺瞞に怒るべきなのです。

そして、今を生きている日本人は非常にラッキーです。すべての権威が信じられなくなった幕末とは違い、国会やマスコミ、そしてツイッターやフェイスブックなどのSNSでいくらでも議論ができます。意見が違う人を斬り殺さなくてもいいし、戊辰戦争をする必要だってないではありませんか。恐れず、冷静に海外の状況を検討し、日本人が今どうすることが世界のため、日本のためになるのかを話し合い、「条約改正」を進めればいいだけです。

何年もかかる話ではありません。日露戦争も不要なら、高度な外交交渉能力もいりません。当のアメリカは「変えてほしい」と言い続けているのですから、あとは日本人が決意するだけです。非常にシンプルな話なのです。

日本国憲法にも制定時には重要な意味があった

そうはいっても、なかなか一足飛びに改憲論議に進めないというのなら、私がいくつか論点を提供し、憲法改正反対派を説得するためのトレーニングの方法をご紹介したいと思います。

まず、この本でも見てきたとおり、すべてのルールには、それが制定された時点では何らかの重要な意味や意義があります。これは、日本国憲法であろうと決して例外ではないと思います。

あえて日本国憲法を積極的に評価してみましょう。制定当時、その最重要の目標、そして意義は、「独裁者」として天皇を誤解していた連合国側から昭和天皇を救うことにありました。

天皇が「独裁者」ではなかったことは明らかです。もし仮に独裁者なら、少なくとも二・二六事件以降の日本の歴史は大きく違っていたでしょう。むしろ明治憲法の問題は、制定後も成長著しく、世界の中でのポジションも移り変わっていく日本を、欽定憲法という形でがんじがらめにして、柔軟性を欠いてしまったことにあります。

日本国憲法制定時の首相・吉田茂《よしだしげる》は、「新憲法、棚の達磨も赤面し」という句を残しています。たとえ本意に反して武力を奪われようと、今は憲法を利用して天皇を守ることを優先したわけです。そのくらい、あり得ない憲法だったわけです。

では、今はどうでしょうか。すでに日本国の天皇を独裁者と呼ぶような人はいないでしょう。新憲法を制定したときの目標、意義は十分に達成されたのです。それなのに、独立国家としては、そして日本のような大国ではおおよそあり得ない「戦力の不保持」をそのまま残しているのです。

要するに、日本人はすでにこの意義を忘れてしまっているのです。明治維新の目的も、条約改正の意味もやがて忘れてしまったように。

今を生きている日本人のほとんどは、物心ついたときから憲法九条とともに暮らしています。日本は戦争犯罪国家だったから戦力を持ってはいけない、世界もそれを支持していると日教組の先生から教えられ、九条があるからこそ日本は戦争をせずに済み、経済を発展させることができたのだ、だから憲法九条はいいもので、絶対変えてはいけないのだと吹き込まれてきました。

私は、いまだに護憲を支持している比較的「無邪気」な人たちは、この繰り返しが、日本人のよくない点と結びついた結果の表れなのだと思うのです。それは前の章で述べた通り、時間を経るに従って本来あったはずの意味、意義を忘れてしまうくせに、それが存在することを前提とし、何も疑わないようになってしまうことです。

「無思考のくせに形式ばかりを重んじる人々が、腐敗しながら幅をきかせ始める」と私は断じてしまいましたが、そのわかりやすい形態が、護憲派なのです。そもそも「革新」をうたっておきながら変化を嫌うなど、お笑いもいいところです。

志士たちは現在の護憲派をどう思うだろうか

そんな護憲派の人には、憲法九条がなぜあるのか、深く考えたことはありますかとぜひ聞いてみましょう。きっと九条があったから日本は戦争をせずに済んだ、平和国家であり続けられたと言い始めます。ですから明治維新150年をいい機会として、次のような質問を続けてみるといいと思います。

護憲派を自認している人も、きっと龍馬や西郷、吉田松陰や勝海舟、近藤勇や沖田総司のことを、少なくともひとりくらいは尊敬しているでしょう。そうなればしめたものです。こう質問してみてください。

「あなたの尊敬している志士は、今日本国憲法を変えさせないようにしているあなたたちをどう思うでしょうか?」

そして、冷静に、しかし続々とヒントを与えてください。黒船、攘夷、不平等条約、薩英戦争、下関戦争……。相手の顔つきが変わってくるでしょう。そこで次にこのような質問をしてみてください。

「もっと話をわかりやすくしましょう。もし幕末にアメリカが、武力を背景にして日本に『交戦権の否認』や『戦力の不保持』を突きつけたとしたら、あなたの尊敬する志士たちは、いったいどうしたでしょうね？」

そろそろ答えを想像してみましょう。志士たちはほぼ間違いなく、そのような憲法を作り、守り通そうとする人たちを、「日本を崩壊させようとする勢力に違いない」と考えるでしょう。

そして、力の限り抵抗するでしょう。幕末ですら、外国は日本に戦力不保持など要求していないのですから。

志士たちのフィルターを通すおかげで、浮き彫りになることがあります。この点において、日本は幕末より退化しているのです。

そして、今日本で護憲をうたっている勢力は、自由国家日本を、民主主義国家日本を、志士たちが念願した独立国家としての日本を壊したい意図を隠し持っていると疑われてもしかたないのです。

今や最大の敵は黒船ではなく、日本の内部にあるわけです。そして、世界的にあり得ない憲法の規定を抱えた日本が、そのまま気づくことなく自壊することを狙っている国があるかもしれないのです。

新しい黒船「核ミサイル」が来る日まで待つつもりなのか

黒船は、実は今にも来るかもしれません。それは北朝鮮の核とミサイルであり、中国の軍事的な拡大です。

今のところは、北朝鮮の戦略的豹変と一時的な日中関係の「改善」によって少しだけ緊張感が薄れていますが、2017年のことを思い出せば簡単に理解できるでしょう。まさか、そんな最近のことまで忘れてはいないはずです。

1853年、アメリカはあくまで平和裏に開国と通商を求めて、しかし暗に武力をちらつかせながら現れました。当時はコミュニケーション手段がなく、外交関係もほぼない時代でしたから、それは文字通り「青天の霹靂《へきれき》」と言うべきものでした。

では、北朝鮮の核やミサイル、そして中国の軍事的野心の広がりは、やはりコミュニケーション手段がなく、外交関係もほぼないために「青天の霹靂」だったと言えるようなものでしょうか。

そんなはずはありません。ただの不作為です。すでに北朝鮮や中国の行いは、国際的に周知の事実だからです。

これが意図しない状況なのだとしたら、日本の「平和ボケ」はいよいよ深刻です。いつか来るとわかっていながら、また黙って新たな「クロフネ」の登場を待ち、あたかも知らなかったような態度で大騒ぎを始める気なのでしょうか。

江戸時代でも、勉強熱心な人たちは、黒船のやって来るずいぶん前から警告を発していました。工藤平助《くどうへいすけ》が「赤蝦夷風説考《あかえぞふうせつこう》」を提出したのは黒船来航の70年前です。その後林子平《はやししへい》は有名な「海国兵談」を著して、幕府から処分を受けています。彼らに、現在の日本についてアドバイスを求めたら、なんと答えてくれるでしょうか。「当時と同じ轍《てつ》を踏むな。冷静に事態を見極め、一刻も早く備えよ」と言うに決まっています。バランスのよい軍備、相手が攻撃をためらう軍備、そして万が一攻撃されても守り切る軍備がないとまずいと言うに決まっています。それは、古今東西の国防の常識だからです。

庶民を殺して志士たちの思いに泥を塗るのか

もし、本当に日本が核ミサイルを打ち込まれて初めて本気で憲法改正を目指すことになるとするならば、それは志士たちの、維新を成し遂げた当時の人たちの思いに泥を塗る行為になるでしょう。

彼らは戊辰戦争を戦いました。しかし、できる限り民間人を巻き込まないように気を配りました。国家の百年先を案じて合意が成立したからこそ、江戸の町と市民の生命・財産は守られました。

そんな日本が、すでに一度無謀な戦争で焦土にされ、なお三度目の核攻撃を受けることになったら、いったいどうやって志士たちに説明すればいいのでしょうか。

ケントは大げさだと笑わないでほしいのです。そして、むしろ北朝鮮が核実験をするほどに議論が有利になると考えている改憲派の人たちも危機感が薄いと思います。悠長すぎます。もっと根本的な、日本人の感覚が問われる話として受け取っていただきたいのです。結局核ミサイルが飛んでくるまで国防の重要性に気づかないなんて、そんなばかなことがあっていいはずはないのです。もはや病的です。異常です。

そして、「本物」のクロフネを作っている国もあります。中国はウクライナから購入した中古空母に続いて、初の国産空母（5万トン級）をすでに進水させ、当初の予定よりも早く就役させると見られているほか、同型艦をさらに建造中です。

習近平《しゅうきんぺい》体制は2017年秋に2期目をスタートさせると同時に、事実上の「皇帝」体制を敷き始めました。「中華民族の偉大な復興という中国の夢の実現に向けたゆまず奮闘する」という宣言のもとに空母を建造しているのです。日本はその現実と向き合わねばなりません。せめて、情報がある程度事前にわかっていることだけが幸いです。

かりそめの日中関係改善も大切なのでしょうが、中国のこうした野心が止まることはないでしょう。日本もはっきりと中国を見据え、名指しして、彼らが放つ「クロフネ」に備えなければならないのです。

クロフネが来ても戦争にならない方法を真剣に考えよ

私は、中国のクロフネを打ち払えと言っているのではありません。志士ならそうけしかけるかもしれませんが。

今そんなことをし始めれば、第三次世界大戦の幕開けは必至です。そんな状況になっても得をする人は誰もいません。日本はもちろん、中国も、その他の世界各国も同様です。好むと好まざるとにかかわらず、中国は世界第2位の経済大国なのです。国際分業体制、そしてグローバル経済はズタズタになってしまいます。

では、ここで左翼が言うように、日本は日本国憲法を固く守っていれば第三次世界大戦の蓋然性を低くできるのでしょうか。軍備を減らし、あるいはなくすことが、平和に貢献するのでしょうか。

それは、残念ですがファンタジーです。そして、大国日本として、無責任極まりない安全保障政策の放棄です。

アメリカも含め、自由主義と民主主義に価値を置く国々は、これから長い時間をかけ、できるだけ誰も傷つかないように、しかし毅然として、法と秩序を重んじようとしない習近平率いる中共と向き合っていかなければなりません。そして、もっとも近い場所にいる日本は、重要な責任を担っていますし、またそれを国際社会から期待されているわけです。

その日本が、軍備を減らしてパワーバランスを崩すなど、もってのほかです。それは軍備をなくして戦争をなくすのではなく、バランスを崩して中共をその気にさせてしまう極めて危険な行為です。

日本は東アジアを戦場にしないための責任を負っています。その先に、万が一起きてしまった際の対処があるのは当然ですが、相手に応じて軍備を増やしていかないことには、バランスが崩壊してしまいかねません。

そして、アメリカの動向によっては、ある日突然、日本の意図しない形で、それが崩壊することもあり得るのです。考えたくはありませんが、米中で何らかの利害が一致し、日米を離間することができれば中共の思うつぼです。米中戦争も日中戦争も第三次世界大戦につながりますが、もし日米が離間されてしまい、日本が他に有効な多国間安全保障の枠組みを持っていなければ、本当にクロフネがやってくるかもしれません。

私は近年の中共の動きを見るにつけ、彼らが昔のイギリスのような国家を目指しているのではないかと疑っています。怪しい意図のもとに周辺の国に援助や経済協力で浸透を図り、やがて経済的な主導権を握ってしまう。今は経済規模をバックにしていますが、そこに軍事的なパワーが加われば、それはもはや帝国主義の復活です。

彼らのなかには、今も「中華思想」が生きています。時代後れの笑い話ではありません。それどころか、19世紀以降、西欧だけでなく儒教の下では「格下」だと考えていた日本からも圧迫され、ズタズタに傷つけられた彼らのプライドが劣等感として積み重なり、そこに中共が火をつけようという構図にさえなっています。21世紀こそ、中華思想を現実化する時代なのだと人民をあおっています。「中華民族の偉大な復興」というキーワードを聞くたび、私の想像が現実にならないことを祈るようになりました。

日本人は間近にいるのに、なぜ気にならないのでしょうか。それとも、一度戦争に負けたら「国はどうあるべきか」が議論できないのでしょうか。

幕末・明治維新は変化を恐れなかったからこそ尊い

幕末、人々はたとえ内戦をしてでも、変化を選択しました。どう変化すればいいのかを必死に考えました。

なぜその子孫である今の日本人に、それができないのでしょうか。まさか、幕末と明治維新は、日本民族にとって恥ずべき、忘れたい歴史なのでしょうか。

富国強兵に成功し、今も日本人に遺産をもたらしてくれています。それは変化を恐れず、果敢に挑んだおかげです。いつまでも刀を振り回し、髷《まげ》を結い、着物を着ていてはだめだと気づいたのです。そして、猿まねと陰口をたたかれても鹿鳴館《ろくめいかん》を作り、とんかつやオムライスを発明し、全国に鉄道や電灯を通し、新しい事物を学んで日本を成長させていったのです。

この当時の近代化とは、社会の変革そのものです。それも、日本の伝統をも大胆に点検し、不要、不効率なものは躊躇なく捨て去ったのです。その歴史を、今の日本人だって誇っているのです。

ならばなぜ、憲法を変えられないのでしょうか。なぜ日本だけが立ち止まっていられるのでしょうか。

質問しましょう。現在の日本社会に、坂本龍馬のような人はいるのでしょうか。西郷隆盛のような人は、いるのでしょうか。

彼らのように、進んで責任を取り、自発的に物事を変えていくスタイルは、やはり伝統的な日本人としては少し珍しいタイプなのでしょう。一般的な日本人は、誰も責任を取らず、その所在を全員で話し合ったことによってあいまいにして、トラブルが起きてもうやむやにしてしまいます。敗戦をはじめとする日本の惨事や問題点の多くは、こうしたことから発しているのではないでしょうか。ヒーローが出にくいから、ヒーローになりにくいからこそ、果敢にヒーローになった人に憧れるのではないでしょうか。

今こそ、進んで変革を担うヒーロー、リーダーが必要なのです。憧れているのも結構ですが、もうあまり時間はないのです。

まずは儀式として改憲すべき

左翼や野党六党は憲法改正論議を拒みます。これは非常に問題だと思います。改憲をどう行うべきか、条文がどうあるべきかは、今回の内容からは外れますので、詳しくは触れません。

私が幕末・明治維新から学ぶべきこととしてはっきり申し上げておきたいのは、変革の意思を、誰に言われるでもなく、日本人が、日本人のなかから自発的に示していく作業が、今求められているということです。

改憲は儀式なのです。特に、初めての改憲は。

少し投げやりな言い方になってしまうかもしれませんが、すでに陳腐化している現在の憲法を棚上げしたまま、つまり前文も九条もそのまま維持しても、おそらくそれなりの防衛はできるであろう、という考え方もあります。私も、積極的に賛成はしませんが、それもない選択肢ではないとも思います。

ただ、これは国民的な議論を避ける方法です。国民から、現状を認識し、最適な答えを考えるというフェーズを奪ってしまう方法です。

この際、テーマは何でもかまいません。九条改正がどうしても難しいなら、他の条項についてでもいいのです。私は、ひとまず日本人に、議論をした上で憲法を自発的に変えるという行為をしてほしいと思うのです。

考えてみれば、70年以上、この問題を避けて通ってきたのが日本という国です。明治憲法も結局変えられませんでした。もちろんアメリカの責任も大きいのです。日本国憲法を押しつけ、奇妙な潔癖主義を根付かせてしまい、憲法のために生き、このままでは憲法のために死にかねない国にしてしまったのですから。

まずは、トレーニングとして、リハビリテーションとして、憲法を論じてみましょう。維新の志士を尊敬するなら、いまだ日本人が誰もしたことのない改憲を、恐れずに議論してみましょう。

野党六党は志士たちに顔向けできるのか

幕末の混乱期とは違い、幸いにも今の日本には議論の場があります。志士と新撰組のような状況があろうと、殺し合わずに済みます。改憲するにせよしないにせよ、少なくとも国会で十分に話し合って決めるべきです。

しかし、現在の野党六党はどうでしょうか。

明確に改憲の方針を掲げて選挙を戦った政党が、国会における改憲の手続きに必要な議席を得ている以上、実際に改憲がどうなるかは置いておくとしても、国会での議論を妨害することは議会制民主主義の原則に反していると言わざるを得ません。

特に昨年以降、野党は安倍政権の揚げ足取りに集中し、小さな問題をあげつらっています。森友《もりとも》学園問題、加計《かけ》学園問題、防衛省日報問題、厚労省のデータ問題、財務省を巡る問題……どれも、100%政府や安倍総理に問題がないとは言い切れないかもしれませんが、憲法改正を、明治憲法以来今までの日本人が避けてきた変革のプロセスをどうするかに比べれば、実に些細な、どうでもいい話ばかりではありませんか。中には、野党が政権を担っていた時代のミスさえ含まれているわけです。

野党はとにかく改憲そのものを妨害するため、ひたすらサボタージュまがいの戦術に出ているとしか思えません。そして、一度もしたことがないために国民のなかに根強く残っている改憲への恐怖心を、無理にあおっているのです。

官僚に問題があれば正しましょう。公文書は正しく運用した方がいいでしょう。プロセスは後から検証できるようにしましょう。この点はアメリカのやり方を大いに参考にしてください。それでもこうした問題が、近代以降の日本を変革する改憲論議を押しのけるようなイシューには絶対になり得ません。

野党に私は問いたいのです。あなた方は幕末の志士たちに顔向けできるのですか。本質を避け、議論から逃げ、揚げ足を取ることを、志士たちは好んでしていたでしょうか。彼らの中には、未熟さ、不勉強さ、あるいは時代を先取りしすぎて失敗した人もいました。しかし、今の野党がしていることは、それ以下です。実力がないだけでなく、実に不真面目で、不誠実です。

エセリベラルにだまされるな

もうひとつ、この機会に触れておきたいことがあります。

私は、日本において、なぜか「リベラル」という言葉が曲解され、本来とは違う意味に使われ始めていることに、強い違和感があります。また「リベラル」を自称する人たちの矛盾には我慢できません。

まず、リベラルという言葉自体は、非常に大時代な、すでにカビの生えた言葉です。元はといえば、今日本をはじめとする多くの国々が大切にしている自由主義そのものの意味だったからです。つまり、現代の日本はリベラルであることが当然の前提だということになりますし、中共に代表される、リベラルではない国の物言いや尊大な振る舞いには、リベラルな国々が結束して立ち向かわなければならないわけです。

ところが今では、日本でもアメリカでも、人々の自由など顧みもせず、本来の自由主義を脅かしている中共が喜ぶような行動を取っている勢力を指して、「リベラルだ」と言っています。そのうえ、始末の悪いことに、当の本人たちも「私たちはリベラルです」と自称しています。

では、今日本で「リベラル」と呼ばれる人たちが何をしているのでしょうか。彼らはむしろ、国会での議論を妨げ、メディアを使って言論弾圧のようなことをして、自由主義を冒瀆し、自由主義を軽視する国をアシストし、勝手に「リベラル」と名乗ってそれに反対する人たちを暗に「リベラルではない」と攻撃しているわけです。

とんでもない話です。

この「自称リベラル」は、はっきり申し上げて「エセリベラル」であり、「偽装リベラル」です。絶対にだまされてはいけません。アメリカでも似たようなことが起きています。オバマ政権でポリティカルコレクトネスを優先しすぎるあまり、現在の民主主義では当然の大前提である「リベラル」という言葉をわざわざ引っ張り出して、政治空間を歪めてしまっています。

そして、こうした現象はかつて自由主義のために戦った人、本物のリベラリストたちに極めて失礼です。

マスコミは改憲反対なら幕末・明治維新を暗黒の時代に描くべき

マスコミの中には、もはや改憲を阻止するためならなりふりかまわず安倍政権を攻撃するところさえ出てきています。

私は、メディアに踊らされないためにひとつ提案をしておきます。九条改正反対を支持するマスコミが、幕末を血湧き肉躍る激動のドラマ、変革と悲運のストーリーを無批判に描くような行為は、はっきり言って自己矛盾です。

そのようなメディアは、都合よく情報を切り取ってイメージ操作することに熱心なのか、よほど思考能力がないのかのいずれかです。そしてどちらのケースでも、決して安易に信じてはいけないのです。

九条の改憲を防ぎたいのなら、志士たちの行動をどうして美化し、賞賛できるのでしょうか。薩摩はイギリスと戦い、長州は外国船を打ち払いました。新撰組は敵対勢力の暗殺をはかり、坂本龍馬は結果的に武力倒幕のきっかけと、強い国軍の創設に大きく貢献しました。何をとっても、九条を守ろうとする人たちの考えと相容れないものばかりではありませんか。

改憲を阻止したい、九条を守りたいマスコミの皆さんは、百歩譲っても、幕末や明治維新には肯定的に触れない方がいいと思います。そのうち自分たちの矛盾が世間に明らかになってしまいますから、おすすめしません。

そして、もし本気で九条を信じているのなら、どうぞ幕末や明治維新を力強く批判してください。志士は平和主義に反しているではありませんか。国の独立は武力に頼らず、「諸国民の公正と信義に信頼して」守るべきだったのに、とんでもない未開な連中だったと評価するべきではありませんか。それとも、日本国憲法より前の、すでに終わった歴史的出来事であれば、何も問題がないのでしょうか。

こんな矛盾を平気で垂れ流しているメディアは、少なくとも批判にさらされるべきです。朝日新聞は部数をずいぶん減らしていると聞きますが、テレビは依然として問題があると思います。

平気で矛盾する内容を流し、矛盾している人を出演させても、免許を受けている局は限られ、これから受けられる局も極めて限定され、大量の広告費が依然としてテレビ業界に流れ込んでいます。従って、適当に、恣意的に、その場限りの放送をし続けても、社会から批判を受けるような、正しきパニッシュメントを受けるような仕組みになっていないのです。

これは皮肉ですが、むしろメディアがほとんど存在していなかった幕末のほうが、人々は正しく物事を判断していたということになるわけです。つまり日本人は、メディアという文明の利器を手に入れたことで、むしろ退化しているとさえ言えるわけです。情けない話です。

九条を信奉するマスコミの皆さん、どうか同時に、幕末と明治維新を暗黒の世界として描いてください。ご自身の考えと歴史観に矛盾しないよう、しっかり頭を働かせてほしいものです。

国民が自ら考えない国は、やがて壊死していく

こうしたマスコミのていたらくを許してしまっている日本人にも、大いに問題がある

と思います。

幕末に日本が耐えられた理由は、たとえ国力が劣っていようと、その当時のしかるべき人たちが、自ら新しいことを考え、行動したからです。

現在はどうでしょうか。たとえ国力が発展しようと、多くの日本人は自ら考えることをしておらず、他人任せ、雰囲気任せで、誰に責任の所在があるのかわからないまま、何となく物事を進めているだけなのではないでしょうか。政治だけではありません。企業も、仕事も、人間関係もです。

国民が自ら考えようとしない国は、やがて壊死《えし》していきます。私が見ている限り、すでに日本は壊死し始めています。人々は考えずに逃げ、しかも逃げている当事者としての認識すら持っていません。歴史を顧みず、決まりごとの意義や意味を検証せず、人の動きはダイナミズムを欠き、よどんでいます。他国はそれなりに経済を成長させているのに、日本は相対的な地位を年々落としています。

維新の志士はダイナミックでした。明治新政府も当初は基本的に能力主義でした。その場その場で、できる人が自ら手を上げ、あちこちの分野を渡り歩き、才能と才能、人と人をつなげながら、国を守り、成長させていくためのベストを尽くしました。

今はどうでしょうか。あなたの周りに志士はいるでしょうか。今までのやり方を批判、検証できる人、新しいやり方を提案できる人、もっと単純に言えば、言いたいことがあれば積極的に勇気をもって「手を挙げられる人」がいるでしょうか。

私には、今の多くの日本人が、維新をもてはやし、志士を尊敬しながら、いざ自分の身の周りに志士のような人間がいると、手のひらを返して引きずり下ろし始めているように見えます。それも、時には陰湿な方法で。

より問題になるのは、政治の世界において、あるいは政治家に対してです。多くの日本人、そして日本のマスコミには、どうかすると批判をすることそのものが正義であり、批判をする側が教養人であるかのような誤解が、蔓延してしまっているように思えるのです。

批判は必要です。しかし、日本の批判はたいがいの場合、新しく物事を進めようと苦労している勢力に、過剰に厳しく反応しています。萎縮させてしまっています。そして反政府こそがインテリの証しであり、政治家は悪者であるというお決まり、あるいは「作法」を、長年にわたって、無批判に受け入れてしまっています。

考えてそうしているのならいいのです。互いに議論をする余地があるのですから。しかしまるでファッションを支持するように、流行を追いかけるかのように何も考えず雰囲気だけで支持している人たちは、どうにもなりません。そのくせ平気で「自分は坂本龍馬を尊敬しています」などと語り始めるのです。

安倍政権を「独裁」だと批判している人は今すぐ立ち上がるべきでしょう。本当に安倍政権が極悪非道の独裁政権なら、どんな被害を受けているのか、政権が国の何を食い物にしているのか訴えれば、何百万人のデモを組織できるでしょうし、選挙にも大勝するはずです。日本は民主主義だからです。しかし、「独裁」を口にしている人は、結局大して考えずに、雰囲気だけで叫んでいるに過ぎないのです。

達観してしまえば、結局のところ志士がいない時代というのが、日本の歴史にとっては「デフォルト」なのかもしれません。そして、何か問題が起きれば誰かを悪者に仕立てて除外し、その他大勢は何も知らず、何の罪もなかったように振る舞って、また日常が続いていきます。

こうして考えると、ヒーローを作りたがるアメリカ人の方が、よほど「志士的」な世の中です。日本には日本のよさがあることを承知した上で、それでも新たな志士を生み出す、しっかり国を守り成長させる志を持った人をプロモートし、育て、応援する仕組みこそが、明治維新150年の日本に私が指摘できる最大のテーマだと思います。

データ本位・現実本位のシンクタンクをもっと作れ

本書のまとめとして、私が明治維新150年をきっかけに、日本人にぜひ考えてほしいことをいくつか提案したいと思います。

最初は、日本には優良な、優秀なシンクタンクや研究所がもっとたくさん必要だということです。アメリカでは、共和党系、民主党系のシンクタンクがそれぞれ存在し、政権を担っているときにはそれを支え、そうでないときには旧政権の人材の受け皿となりつつ、現政権を批判しながら次の選挙に備え、政権交代すれば迅速に実行可能なパッケージを作り続けています。ポピュリズムにくみし総合的な政策を重視していないとされている現トランプ政権でさえ、保守系かつ非正統派シンクタンクとして知られているヘリテージ財団の影響を受けていると言われています。

そこでまず、ネガティブなことから申し上げておきましょう。日本人が、マスコミの流す情報、そして日本人が持っている「何となく」の雰囲気にいつまでも流されてしまうのは、批判的思考能力の不足であり、それを支える良質なデータの量と分析力、現実を把握する力の不足です。

間違った情報を流し、間違った方向に世論を導こうとする人はしかるべきバッシングを受けるべきですが、その際に根拠となるべきは、しっかりしたデータと、その分析結果から得られる確実性の高いロジックです。

ですから、思想信条にこだわらず、シンクタンク、研究所の類いをどんどん作り、解決の難しい問題を数字で認識するための、そして解決策を政策にパッケージするための根拠を、誰でも検証できる形で豊富に供給するべきだと思うのです。

たとえば財界は、働き方改革の進捗の遅さを嘆くのなら、誰が見ても文句を言えないくらい客観的なデータによって、働き方を改革した方が国民全体のためになることを、コストをかけて証明し、説明するべきです。結局大企業が儲けたいだけだ、という俗論を断ち切るべきでしょう。

また最近は、人の手によらない、あるいは人の手をあえて使わない分析も実用化されつつあります。ＡＩ（人工知能）による機械学習や深層学習（ディープラーニング）の覇権を今後どの国が握るかも大いに問題ですが、主義主張、個人的なバイアスなどによるブレを排除し、最初から結論ありきの問題提起を極力除いて、スピーディーに、そして公平かつ納得性の高い形で問題点を探し出すことができるはずです。

もちろん、日本はこうした技術で世界をリードしていければいいのですが、私はそれ以上に、日本のような異論をなかなか表に出さない国民にこそ、機械的な研究と、それに基づく政策提言が役立つと思うのです。

「メディアは偏向している」と私が言い、また多くの識者や評論家が主張しても、現状ではそのメディアや、彼らを守る側の人たちは、「いやいや、ケントこそ偏向している」と応酬してきますから、なかなか前には進みません。こうなると、何が悪いのか、どこが突破しなければならないポイントなのかという議論にたどり着く前に、ただ足を引っ張り合って疲弊するだけです。

こういう争いは、時間がかかるだけで、ほとんど不毛です。シンクタンクの整備やAIの導入によって、まずは知的な判断力を持っている国民が、互いを疑わずに、公平・公正に問題を認識できる体制の整備をするといいと思います。

そして、日本は問題が国民的に認識されれば、あとの解決は非常に早く、また質も高くできます。要するに、こうした知的基盤の整備は日本向きだと思うのです。

規制をもっと大胆に緩和した方がいい

幕末と明治維新を現代的な解釈で俯瞰的に見た場合、もっとも評価に値するのは、旧来の考え方ややり方を脱して、より自由な社会に変革したことだと思います。

つまり、結果的に規制が緩和されたわけです。生まれた身分にかかわらず何でもできるように、どこにでも旅行できるように、誰でも取引ができるようになり、なんと言っても外国と交流を始めました。今から考えれば当然かもしれませんが、前後の落差を考えれば空前の規制緩和だったに違いありません。

明治維新は、規制緩和によって成功したとも言えるわけです。その理由は、規制を緩和した方が、国民全体が持っているリソースをより活用しやすかったからです。

当時から比べれば格段に自由になっている現代の日本社会ですが、それでも至る所に規制は転がっています。大胆に緩和していくべきだと思います。

考えてみてほしいのです。つい先日まで、獣医を養成する大学の学部ひとつ作れなかったのが、現代の日本なのです。

私はこれが加計学園だから肩入れしているわけではありません。特定の学部を作らせないように官僚や業界団体が規制していることがおかしいと言っているのです。

大学の評価は教育内容とその後の卒業生の活躍によって行われればよく、先に作ったから規制で保護され、後からの参入は規制によってできないというのは、自由競争の道理に反しています。作りたい人は作り、社会からの評価によって、市場原理によって生き残り、あるいは淘汰《とうた》されればいいだけです。中身がまともでないことがわかれば、誰も入学しませんから経営は成り立ちません。

私は加計学園問題のあまりの馬鹿馬鹿しさに憤慨し、加計学園が運営している岡山理科大学の客員教授を引き受けることにしました。規制緩和の先頭に立ってリスクを取った人たちが、理事長が安倍総理の親友だったという理由で政権を倒すためのフェイクニュースの食い物にされるのはたまりません。

テレビの電波オークションの導入も同様です。もはや、放送と通信を区別して考えるような時代ではありません。今のような放送免許の既得権益化は、一刻も早く再考、改正されるべきです。電波使用料は相応に引き上げられるべきですし、家庭のテレビ受像機で、簡単にインターネットを介したテレビ局が見られるよう、ぜひ規制改革を行ってほしいと思います。

こうすれば、あとは中身、つまりコンテンツの勝負になります。

私は百田尚樹さんや上念司さん、有本香さんなどとともに、「放送法遵守を求める視聴者の会」で、放送法を「倫理規定」だとして、むしろ開き直って偏向しているテレビ報道、テレビ局を批判してきました。「視聴者の会」が調べたところでは、２０１７年7月10日に国会で行われた加計学園問題に関する閉会中審査を扱ったテレビ報道（合計8時間36分23秒）の内訳は、「行政がゆがめられた」とする前川喜平前文部科学事務次官の発言を2時間33分46秒流したのに対し、対立する意見を述べた加戸守行前愛媛県知事（6分1秒）や、原英史国家戦略特区ワーキンググループ委員（2分35秒）は圧倒的に短かったのです。それなのに、「疑惑は晴れない」とイメージを操作し、国民の知る権利を奪っています。

放送法第四条が存在する以上、テレビ各局は特権的に受けている免許を盾に開き直るのではなく、フェアな議論を起こすための誠実で偏りのない報道に努めるべきです。

一方で、安倍晋三総理が放送規制改革の一環として放送法第四条の撤廃を含めた放送法改正について一時触れたことにも注目したいと思います。

放送法の規定さえなくなれば、もはや偏向しても大いにいいわけです。考えてみれば、新聞記事はすでに大きく偏向しているのですから、放送だけ放送法でそれを押さえつけようとすること自体が、そもそも難しかったのかもしれません。

そのかわり、特権的な放送免許は、存在価値を失わせる必要があります。放送と通信の垣根を取り払い、放送したい人や会社がどんどん参入すればいいわけです。受像機としてのテレビからも、地上波・BS・CSなどの垣根を取り払うことを義務づけ、インターネットテレビも含めてイコールコンディションで簡単に視聴できるようにすべきです。そのうえで、各サプライヤーが面白い番組をつくり、一方に偏向した番組、その偏向を批判する番組、できるだけ偏向を排してデータに基づく報道に徹する番組など、いろいろなコンテンツが出てくることを期待しようではありませんか。

もうひとつだけ指摘しておきましょう。戸籍と住民票は一体化してください。費用は半分で済みますし、世界の圧倒的多数の国が戸籍を運用しなくても特に問題なく運営されているのですから、はっきりいってムダな仕事です。

まして、今はすべてがシステムで済む時代です。官公庁向けの仕事はビジネスとしてはおいしいのかもしれませんが、そこに食いついているうちに、日本の情報通信産業は、世界からどんどん後れを取ってしまうことになりかねません。国、市町村でバラバラの仕組みを、ぜひシンプルに一元化し、システム運用も、国民へのサービスも充実させ、余った予算をもっと創造的なことに振り向けていただきたいと思います。

こうしてみていくと、結局ほとんどは官僚に問題がある、という結論になってしまうのですが、ここはあえてポジティブにまとめておきましょう。日本人には底力があることは明治維新の歴史が証明しています。硬直した仕組みや前例を踏襲し、なるべくはみ出さないようにするために使ってきた優秀な官僚の力を、ぜひ解放して他のことに生かしてほしいと思うのです。

教育を改革し、歴史教育を変えるときが来た

三番目は、教育の改革です。日本人の教育熱心さは、日本がたった15年で維新を成功させた重要なリソースのひとつになったことは見てきたとおりです。

しかし、残念ですが、教育のやり方、中身は、今もなおはっきり言って中進国的で、創造性を欠きすぎてはいないでしょうか。藩校の教育内容に触れましたが、日本の教育のほとんどは、言ってみれば江戸時代の「読み・書き・そろばん」の延長線上でずっと運営されてきたのです。せっかく大学に入っても、特に文系では大学名だけが重要視さ

れ、思考力を問われることはありません。

アメリカの教科書や教育の内容を少しだけ紹介しましたが、皆さんはどのような感想を持たれたでしょうか。日本についてあまりに単純化しすぎだ、という批判的な考えの方もいるでしょうが、私が考える日本とアメリカの教育の最大の違いは、暗記した結果をテストでチェックするスタイルか、正解が何かを問わず議論のやり方、組み立て方を問うスタイルかです。

教科書に書いてある内容が正しいとは限らないのです。アメリカではそのうえで生徒は自由に考えを述べ、意見を言うことができるほど評価されます。その手法、手立てが評価の対象になるのであって、その結果何を述べたかは問題視されません。アメリカが戦争犯罪をしたと言っても、日本が真珠湾でだまし討ちをしたと言っても、アメリカはそれを防ぎ得たのに防がなかったと言ってもいいわけです。

対して日本では、「あなたはどう思う?」というプロセスは問われません。先生がテストに出るところを語り、生徒は赤ペンで印をつけ、試験前までにどれだけ暗記できるかで点数が決まります。

モノを安く作り輸出するような人材を育てるだけであれば、これでもいいのです。しかし日本はとうにその段階を超えています。今からでも遅くはありません。あなたはどう思うかを問う教育、答えではなく学問や議論のやり方を教える教育に転換してほしいのです。それがいやだというのは、はっきり言って教師と文部官僚の怠慢です。採点が面倒くさいだけなのではないでしょうか。

そして、歴史教育をしっかりしていただきたいと思います。それは、日本の情緒、伝統に立脚した健全な愛国心を自然に育める教育であるべきです。そして、そのような国を受け継ぎ、守り、発展させるために何を学べばいいのか、まずはそこから教えていただきたいと思います。

私はこの本でさんざん幕末と明治維新を賞賛しながら改憲に反対する人たちを批判してきましたが、これは考え方によってはチャンスでもあります。つまり、よくわからないままファッションとして改憲に反対しているような人の中にも、実は日本の歴史を素直に尊敬する部分が残っている、ということでもあるからです。

画一をやめ、天才を「一本釣り」する仕組みを作ろう

これは教育に限った話ではありませんが、日本はあまりに画一的すぎると思います。

それがメリットになることもありますが、天才を押し込めてしまっているリスクもあるのではないでしょうか。

一方で、日本人全員が必ずしも常に画一的というわけではないことを証明しているのが、まさに幕末という時代なのです。日本人でも、チャンスがあれば、いつでも出てこられます。

その証拠に、ある特定のジャンルには天才が「一本釣り」される仕組みがしっかり備わっています。野球、サッカー、フィギュアスケート。将棋の藤井聡太七段を見て、あるいは二刀流の大谷翔平選手を見て、日本人は熱狂します。そして彼らも、年齢的には非常に若いにもかかわらず、立派な心構えと覚悟を理路整然と述べることができます。

それを見て、ただ「すごい」と言っているだけでは物足りません。このままでは、スポーツとお笑いの世界でしか天才は活躍できません。

あらゆる分野で、能力を試し、天才を見つけたらみんなで引き上げて育てていく仕組みを作った方が、絶対に国のためになります。そういう人が増えれば増えるほど、自分も頑張ってみようと思う人が増えてきます。しかもこれは、若い人を対象にするほうが効果的なのです。

才能を流動化させ、誰もがどこにでも行ける環境を

アメリカの政策論争が比較的機能している理由は、政権交代のたびに、政権内部と、学会、シンクタンク、企業、マスコミなどで人材が入れ替わり、言ってみれば才能が非常に流動化されているからです。

私はアメリカの雑誌「フォーリン・アフェアーズ」を購読しています。実はその編集方針や執筆陣の政治的性向はあまり気にいっていないのですが、しかし記事自体は面白く、刺激的で勉強になるものが多いのです。こうした空間が作られていることの背景こそ、才能が社会で流動化し、回転しているからだと思うのです。

日本では、官僚としてある程度まで行った人であれば、そのまま官僚として高位を目指すしかありません。政治家になるなら自ら不可逆的なリスクを取らねばなりませんし、企業に行けば癒着を疑われ、あるいは「あの人はもう上がりだ」と思われます。本当にそうなのかどうかはわかりませんが、そうした硬直的な環境のせいで、本来有能な人たちは力を出せず、スポイルされていくことは極めて問題です。そのせいで、結局損をしているのは日本国民全体だからです。

文部科学省の官僚がいつのまにかどこかの大学のポストを得ていたとしても、それが学術的に意味のあることならかまいません。しかし、裏で話をつけ、給料とポストだけを供給させていたのだとすれば、ただの癒着です。一緒くたにせず、こうした差異をしっかり見極めて、優秀な人たちにスムーズに仕事をしてもらえるような流動性を確保することが大切だと思うのです。

島国日本は自ら強く意識しなければ世界の進運に遅れる

そして、明治維新を考えることで浮かび上がってくる日本の国民性全体の問題についても、二点私の思いを述べておきたいと思います。

鎖国を破った幕末と明治維新が日本人に問うているのは、「日本は良くも悪くも世界各国から離れている島国だ」という、言ってみれば当たり前の事実です。当時と比べれば格段に情報をめぐる環境がよくなり、人も、モノも、マネーも盛んに交流するようになりました。それでも私は、相変わらず日本が相対的に世界から「浮いている」国であることを否定できません。

日本という国は素晴らしい国です。オリジナリティにあふれ、実力も備わっています。

しかし、環境が常に国民に対して「内向き」でいるように働くため、自分たちでしっかり意識しておかないと、どんどん世界の流れから離れ、進運から遅れてしまうリスクを抱えているのです。

厳しいことを言えば、すでに遅れ始めています。

外交は、安倍政権になって大きく改善はされました。河野太郎大臣や小野寺五典大臣といった逸材も控えています。それでもなお、半数前後の日本人は、世界的には不思議としか思えない憲法九条の保持にこだわっています。

日本は、島国であるがゆえに、国としての状態を保つことにあまりコストをかけずに済んできた珍しい国です。周りはすべて海で、古くに東北地方まで平定してしまった後は、元寇や朝鮮出兵などのごく珍しいケースを除けば、外を意識することなくこれたのです。

外国は異なります。何度も王朝が変わり、血みどろの争いで国境線を引き合ってきた歴史があります。独立のために戦った経緯があります。国が滅んだ経験をしたこともあるわけです。

そうした経験が、日本は元寇を除けば幕末までなく、またそれも幸運かつ努力のおかげでクリアしてきた国です。いいことでもあり、誇るべき歴史でもありますが、一方で、間違った体験、反省が不足しています。そうしたプロセスを経なくても、日本はずっと日本だったために、比較的簡単にまとまることができるからです。

日本人は、どうか自分たちが特殊な島国であることを意識して、日々忘れないでいてほしいと思います。そうしなければ、いつか古代からの遺産を食い尽くし、国を失ってしまうかもしれないのです。幕末から明治にかけては、そうなりかかったという意味でしっかり捉え直してほしい時代だと思います。

日本的システムのために殉じるのはもうやめよう

最後に申し上げておきたいこともまた、日本の特殊性についてです。

私には、日本に存在する特殊なシステムのようなものがいつも不思議に映ります。たとえば、わかっていてもわからないふりをする、物事をあいまいなままにしておく、暗黙の了解、タブーに触れない、前例を崩さない、互いの空気を読む……こうした、取り決めというよりは文化、決まりごとを、ここでは「日本的なシステム」と呼ぶことにします。

日本人は、この日本的システムのために、どうかすると命さえかけます。森友学園を巡る事件もそうです。官僚はこのシステムを死守するために動き、マスコミは触れるべきタブーに触れません。

憲法も、この仕組みに完全にはまり込んでしまっています。実質は、制定当時の世界で理想主義的とされていた文章を実験的にいろいろ組み合わせただけの、いわばアウトレット品のような憲法だったのに、当時逆らえないアメリカがお仕着せたものなら、たとえファスナーが壊れていようと、ボタンが取れてしまおうと、物持ちよく後生大事に着続けているのです。

本当は、多くの日本人がわかっているのです。その馬鹿馬鹿しさを。危険性を。しかし、どうしても言い出せず、お互いの顔を見合って、意見を飲み込んでしまうのです。

そのようなことは、もうやめましょう。

言い出しっぺを、改革者をあげつらうのはもうたくさんです。次に志士が出てくるタイミングが、すでに日本が攻撃されるギリギリの状況であったとしたら、いったい明治維新以降150年の歴史は何だったのかということになってしまいます。

かつて、大日本帝国のプライドのためならアメリカを攻撃することも辞さなかったのが日本人です。言うならば、日本的システムを守るためならば死んでもいいと考えているのです。そして、疑問に思ったとしても、みんながそう言い出し始めると止めることができないのが日本人です。

志士たちは、この点にあらがったことが非常に立派だったのです。彼らは華々しく散ったから尊敬されているのではなく、日本を守るために日本的システムを変革しようとして散ったからこそ、長い間変わらずに尊敬されているのです。本当は日本人もその事実を知っているはずです。難しいことにチャレンジしようとしたからこそ、彼らの歴史は輝いているのです。

明治維新150年は、日本人ひとりひとりがそのことを思い出し、今直面している諸課題に向かい合う出発点にしてほしいものです。

おわりに

もう一度、問います。

明治維新を誇りに思うなら、そして幕末の志士たちを賞賛するなら、今を生きる日本人は、維新の志士に恥じない日本を作ったと後世の人々に胸を張れるのでしょうか。

私は本書で、一貫してこのことを論じてきました。

明治維新は、日本人にとっての近代化の出発点です。それを命がけで成し遂げてくれた先人に対して、今の日本は胸を張って報告できる国だと言えるでしょうか。若い彼らが生き急いでまで守りきった国と国民を、今バトンを受け継いで守っていると墓前に報告できるでしょうか。

日本だけ戦争に備えてはいけない。武器を持ってはいけない。論議すら許されない。

そして、わが祖国アメリカが敗戦国の日本に押し付けた、究極の「不平等条約」である日本国憲法。その象徴的条文である第九条。今この憲法は、黒船の大砲が後ろ盾になっているわけでも、マッカーサーが強いているわけでもないのに一言一句変えられたことがないのです。

日本国憲法をどうするかは、100%日本人の手の中にあります。

国を守る手段がなかった幕末とも現在は雲泥の差です。日本は世界中に知られる大国となり、自由と民主主義の価値を世界と分かち合っていて、巨大な経済力と優秀な技術、そして莫大な資産を持つ国です。すべて、明治維新に代表される先人の努力があってのことです。

先人たちは、60年もの長い時間をかけて明治維新の目的を成し遂げるべく、富国強兵と殖産興業をひたすら進め、ついに不平等条約を撤廃しました。

ところが現代の日本人は、敗戦後70年の月日を経過してもなお、日本国憲法という不平等条約を甘んじて奉じています。それどころか、それが自分たちの平和を守ってくれると主張しています。それがGHQが日本国民に吹き込んだ占領用プロパガンダと気づくことすらなく。

アメリカと同盟を結んでいるから安心だ、というのも甘えです。自らの国を守る行為を他国に委ねること自体、私は武士道はもちろんのこと、人間の道に反していると思います。あえて軍事力を持たず、憲法九条を言い訳に終始している日本は、はっきり言って卑怯です。


憲法を守ろうという人にもし志があるというのなら、自由と民主主義の日本では、当然尊重されるべきです。大いに主張をしてほしいところです。

ただし、これだけははっきり申し上げておきます。もし現在の憲法を守ることが志だというのならば、少なくとも占領下で公布・施行されたこの憲法を国民投票にかけるべきです。

占領下の国家主権が制限された状態だからこそ、あなたがたの信奉する憲法は「アメリカに押しつけられたものだ」と批判されています。当時は日本政府の上に、「全知全能の神」の如きマッカーサー元帥率いるGHQが存在していたのです。そこに有効な反論はできないでしょう。事実なのですから。

ならばなぜ今、その憲法を国民に問わないのでしょうか。

もし護憲派にも思うところがあるのなら、維新の志士に恥じぬよう、憲法を本気で守るための気概くらい見せていただきたいものです。

明治維新150年。当時の人たちが何に涙し、何に憤り、どんな日本を望んだのか、思い出しましょう。彼らが今の日本を見て何に失望するのか、想像してみましょう。

そして、今の日本がすべきことを、世界の平和と安定、発展のために貢献できることを考えてみてください。今後、日本がそこに注力できれば、明治維新を達成した当時の日本以上の尊敬を集めることができるはずです。世界は日本の未来に期待しています。

ケント・ギルバート

編集協力　杉本達昭、増澤健太郎
図版制作　えびす堂 Graphic Desigin 藤森瑞樹

ケント・ギルバート

１９５２年、アイダホ州に生まれる。１９７０年、ブリガムヤング大学に入学。翌１９７１年に初来日。その後、国際法律事務所に就職し、企業への法律コンサルタントとして再来日。弁護士業と並行してテレビに出演。２０１５年、公益財団法人アパ日本再興財団による『第８回「真の近現代史観」懸賞論文』の最優秀藤誠志賞を受賞。著書に『儒教に支配された中国人と韓国人の悲劇』、『中華思想を妄信する中国人と韓国人の悲劇』（ともに講談社＋α新書）、『リベラルの毒に侵された日米の憂鬱』（ＰＨＰ新書）、『日本人だけが知らない世界から尊敬される日本人』（ＳＢ新書）、『米国人弁護士が「断罪」東京裁判という茶番』（小社刊）などがある。

世界《せかい》に誇《ほこ》れる明治維新《めいじいしん》の精神《せいしん》

ベスト新書 582

二〇一八年六月二〇日　初版第一刷発行

著者◎ケント・ギルバート
発行者◎塚原浩和
発行所◎ＫＫベストセラーズ
東京都豊島区南大塚二丁目二九番七号　〒170-8457
電話　03-5976-9121(代表)

装幀◎坂川事務所
印刷所◎錦明印刷
製本所◎積信堂
ＤＴＰ◎三協美術

ISBN978-4-584-12582-3 C0295